LIVRE-ATLAS

DES

# Colonies Françaises



PAR MM.

G. MALLETERRE P. LEGENDRE

## COLONIES MÉDITERRANÉENNES

Paris. — Librairie CH. DELAGRAVE, 15, rue Soufflot.

# GRANDES VOIES DE COMMUNICATION ENTRE LA FRANCE ET SES COLONIES

## GRANDES ROUTES MARITIMES

Les communications entre la France et ses colonies sont établies par des lignes de paquebots qui desservent aussi les ports les plus importants des différentes parties du monde.

Deux compagnies principales, la *Compagnie des Messageries maritimes* et la *Compagnie générale transatlantique*, reçoivent des subventions de l'État et sont chargées des services postaux.

Les principales directions de navigation sont les suivantes :

1° **Route des mers de la Chine et du Japon.** (*Messageries maritimes.*)

De Marseille à :

| | |
|---|---|
| Alexandrie | 5 jours. |
| Suez | 7 — |
| Aden | 11 — |
| Colombo (Ceylan) | 19 — |
| Singapour | 25 — |
| **Saïgon** (Cochinchine) | 28 — |
| Hong-kong | 33 — |
| Changhaï (Chine) | 37 — |
| Yokohama (Japon) | 42 — |

Avec services annexes :

| | |
|---|---|
| De Colombo à **Pondichéry** (Indes) | 2 jours. |
| De Saïgon à **Haïphong** (Tonkin) | 4 — |

2° **Route d'Australie et de Nouvelle-Calédonie.** (*Messageries maritimes.*)

De Marseille à :

| | |
|---|---|
| Suez | 7 jours. |
| Aden | 11 — |

(avec escale possible à **Djibouti**,)

| | |
|---|---|
| Mahé (Seychelles) | 17 jours. |
| Melbourne | 35 — |
| Sydney | 38 — |
| **Nouméa** (Nouvelle-Calédonie) | 43 — |

Avec services annexes :

| | |
|---|---|
| De Mahé à **Saint-Denis** (Réunion) | 4 jours. |
| De Saint-Denis à **Diego-Suarès** (Madagascar) | 5 — |
| Et aux **Comores** | 7 — |

3° **Route de l'Amérique du Nord.** (*Compagnie générale transatlantique.*)

| | |
|---|---|
| Du Havre à New-York | 7 à 8 jours. |

Avec service annexe pour **Saint-Pierre** et **Miquelon.**

4° **Route des Antilles et de l'Amérique centrale.** (*Compagnie générale transatlantique.*)

De Saint-Nazaire à :

| | |
|---|---|
| la **Guadeloupe** | 13 jours. |
| la **Martinique** | 14 — |
| Colon (isthme de **Panama**) | 20 — |

Avec service annexe :

| | |
|---|---|
| De la Martinique à Cayenne | 6 jours. |

5° **Route des côtes occidentales d'Afrique et de l'Amérique du Sud.**

De Bordeaux à :

| | |
|---|---|
| **Dakar** (Sénégal) | 7 jours. |
| Rio-de-Janeiro | 16 — |
| Buenos-Aires | 21 — |

Avec services annexes de **Dakar :**

Aux comptoirs de la côte de Guinée : **Konakry, Grand-Bassam** et **Kotonou.**

Au **Gabon** et à **Pointe Noire** (Congo français).

## LIGNES TÉLÉGRAPHIQUES PRINCIPALES

Des lignes télégraphiques terrestres et des câbles sous-marins mettent en communication rapide tous les points importants du globe.

De l'**Extrême-Orient,** c'est-à-dire du Japon et de la Chine, on peut envoyer un télégramme en France, par plusieurs directions :

1° Par le télégraphe de Sibérie allant de Vladivostok à Saint-Pétersbourg et à Paris;

2° Par le câble sous-marin des côtes de Chine et ses annexes de **Cochinchine,** en prenant par l'Inde et la Perse, ou par le golfe Persique et l'Asie Mineure.

De **Melbourne** et de **Sydney,** on communique avec la France par une ligne télégraphique qui traverse les déserts de l'Australie et rejoint à Singapour la ligne de l'Extrême-Orient.

Entre la **France** et l'**Angleterre,** d'une part, et l'**Amérique du Nord,** de l'autre, il y a sept câbles sous-marins qui assurent des communications multiples :

1° avec toute l'Amérique du Nord;

2° avec les **Antilles;**

3° avec les côtes orientale et occidentale de l'Amérique du Sud.

Entre la **France** et l'**Afrique** on a :

1° Les câbles entre la France et l'Algérie, prolongés par les lignes terrestres jusqu'aux postes français les plus avancés du sud;

2° Deux câbles partant du Portugal rejoignent le **Sénégal :** 1° par Ténérife, à **Saint-Louis;** 2° par les îles du Cap-Vert, à **Dakar.**

Ces câbles se prolongent d'une part sur les côtes occidentales de l'Afrique; de l'autre, sur les côtes occidentales de l'Amérique du Sud;

3° Les câbles des côtes orientales d'Afrique, qui relient Suez avec Aden, **Djibouti,** Zanzibar, **Madagascar,** la **Réunion,** le Cap, etc.

De nouveaux câbles français seront posés prochainement pour relier Madagascar et les colonies de l'océan Pacifique à la France.

## CHEMINS DE FER

La capitale de la France, **Paris,** est réunie aux capitales des États de l'Europe et avec les ports principaux de la France et de l'Europe.

Pour aller de France en Asie, il faut traverser la Russie d'Europe, franchir le Caucase et prendre à Tiflis le **chemin de fer Transcaspien** qui se termine à Samarkand.

Un chemin de fer appelé **Transsibérien** est en construction à travers la Sibérie jusqu'à l'océan Pacifique. Il sera achevé dans deux ou trois ans et réunira l'Europe à la Chine orientale.

Plusieurs chemins de fer traversent le continent américain entre les côtes de l'Atlantique et celles du Pacifique. De New-York à San Francisco, le trajet s'effectue en 5 jours 1/2.

Enfin, des projets ont été faits pour relier l'Algérie à Timbouktou et au lac Tchad par un chemin de fer transsaharien qui traverserait tout le grand désert du Sahara.

D'autres lignes sont en construction ou en projet pour réunir les ports de la côte de l'Afrique occidentale française et les territoires du Soudan.

# LIVRE-ATLAS
des
# Colonies Françaises

A l'usage de l'Enseignement des Colonies

par

G. MALLETERRE et P. LEGENDRE
Professeur à l'École Supérieure de Guerre
Professeur de l'Université
Ancien chef du secrétariat de l'Alliance française

## Colonies de la mer Méditerranée

ALGÉRIE et TUNISIE

Écoles Françaises du Levant

PARIS
Librairie Ch. Delagrave
15, rue Soufflot, 15

# PRÉFACE

La conquête du monde par la civilisation européenne s'est achevée avec le XIXe siècle. Il n'y a pas de tribu si reculée qui n'en ait senti le rayonnement et, à part les solitudes inhabitables des pôles, il n'y a plus sur le globe une région inexplorée.

Tandis que leur outillage moderne de guerre a permis aux Occidentaux de pénétrer jusqu'aux centres, précédemment inaccessibles, des continents de l'Asie et de l'Afrique et d'y briser les résistances fanatiques ou brutales, leurs navires sillonnent les mers les plus lointaines, et le réseau des fils dont ils ont enveloppé le Monde porte instantanément, jusqu'à ses extrémités, la pensée et la volonté des races supérieures.

Après la conquête armée, s'ouvre maintenant l'ère de l'exploitation pacifique des terres nouvelles et commence l'éducation morale des populations récemment amenées dans l'orbe de la culture occidentale.

Aux siècles précédents, la prise de possession du Nouveau-Monde eut pour conséquence l'asservissement ou l'anéantissement des populations indigènes, trop faibles pour résister ou trop réfractaires pour se plier à un joug. Les premiers conquérants se ruèrent, avec une âpreté d'aventuriers, sur les beaux pays de l'Amérique tropicale; ils en épuisèrent les richesses sans souci de l'avenir et, lorsque les populations eurent succombé et disparu, ils comblèrent les vides par le hideux esclavage, par l'importation régulière et continue des travailleurs africains.

Plus au nord, sous les climats auxquels pouvait s'adapter la main-d'œuvre des cultivateurs et des artisans européens, l'envahisseur repoussa devant lui l'Indien dont le contact lui répugnait; il le déposséda et se substitua à lui.

A l'époque moderne, les mœurs colonisatrices se sont modifiées. C'est l'honneur de notre siècle d'avoir poursuivi et réalisé l'affranchissement de l'esclave et d'avoir posé le principe du respect de la liberté humaine. La conception de l'expansion coloniale s'est transformée.

La colonie n'est plus un domaine à pressurer, dont on risquait inconsidérément de tarir les ressources d'avenir, par une exploitation excessive du sol et de la race. On lui reconnaît des droits.

Nos vieilles colonies françaises ne sont aujourd'hui que des départements plus éloignés, partie intégrante de la patrie française, gouvernés par les mêmes lois et dont tous les habitants, quelles que soient leur origine et leur couleur, jouissent des mêmes privilèges.

Quant aux pays nouvellement placés sous la tutelle française, ils sont, pour la plupart, pays de protectorat, et ce mot n'est pas un simple vocable administratif; il indique bien que ces pays sont protégés, c'est-à-dire que la France prend la charge et se réserve d'en diriger le développement industriel et commercial, en leur conservant, autant que possible, le régime politique convenant aux mœurs et aux traditions des habitants. Avec une générosité, qui, parfois même, n'est pas assez calculée, elle y verse son sang et ses trésors. Elle a le souci d'amener les populations à elle et de les conduire vers un état social meilleur, de solliciter leur activité, et de faire concourir leurs forces au progrès général.

D'autres peuples, par d'autres moyens, obtiennent d'autres résultats, — plus pratiques, disent les uns. — La France, quant à elle, obéit au génie qui lui est propre, et l'on voit, d'ailleurs, comment, sous son action, se sont transformés l'Algérie et la Tunisie, l'Indo-Chine et Madagascar.

Si la France se montre préoccupée de faire aimer sa domination autant que de faire respecter sa puissance; si elle considère, suivant une noble expression, les peuples qu'elle commande comme des frères plus jeunes, dont elle est jalouse de faire l'éducation, la place qu'elle a acquise dans le monde par la vaillance de ses soldats, par le dévouement de ses missionnaires, par l'intelligence de ses ingénieurs, de ses industriels et de ses commerçants, par le rayonnement de la pensée de ses artistes, de ses philosophes et de ses savants, est assez belle pour qu'elle n'ait à souffrir d'aucune comparaison. Ce sont, en effet, les meilleurs de ses enfants qui s'emploient à cette tâche glorieuse de l'expansion de la Patrie et du progrès de l'Humanité.

Sa main est ordinairement douce. Il entre plus de dévouement que de crainte dans l'obéissance qu'elle obtient. Sous son influence, le noir inerte devient un serviteur docile dont la force physique s'applique à un travail utile; le bandit soudanais, un combattant discipliné dont le mépris de la vie se transforme en vaillance héroïque. De l'Asiatique souple et avisé, elle fait un soldat alerte ou un intelligent auxiliaire de commerce. Partout, elle met heureusement en œuvre le concours de l'indigène, soit pour consolider sa domination, soit pour en aider le développement.

Le missionnaire et le soldat, qui ont été les premiers pionniers de la conquête morale et matérielle, deviennent aussi les premiers instituteurs. A côté de la chapelle, mais aussi à côté du campement, s'ouvrent bientôt l'hospice et l'école, et la religieuse se hâte d'y apporter son doux zèle que rien ne rebute et dont elle n'attend aucune récompense terrestre. — Tels sont les précieux agents de l'expansion française! — L'homme de négoce n'arrivera qu'après eux, un peu trop lentement, trop hésitant peut-être, car son action est indispensable pour donner la vie à la matière en lui donnant le mouvement. Quoi qu'il en soit, l'instituteur doit toujours le précéder afin de lui préparer ses intermédiaires commerciaux, ses interprètes, ses commis, et même ses agents des chemins de fer et des télégraphes, ses contremaîtres de manufactures et de travaux.

C'est donc l'école qui doit appeler tout d'abord l'intérêt de l'administrateur vigilant. Mais l'école ne peut s'improviser. Avoir le maître et l'élève ne suffit pas; il faut leur procurer les outils d'enseignement et de travail, le livre qui apprend la langue, la carte qui montre les routes, révèle le monde et en fait comprendre l'équilibre. Il faudrait aussi que le livre et la carte fussent préparés spécialement et bien adaptés aux intelligences auxquelles ils sont destinés. Prétendre instruire un jeune noir ou un petit jaune avec les méthodes qui conviennent à l'enfant blanc, dont l'esprit est façonné par un long atavisme, c'est presque sûrement aller au-devant d'un insuccès. Il faudrait donc des livres pour les écoles d'Afrique; il en faudrait d'autres pour les écoles d'Asie.

Le moment est venu de se mettre sérieusement à cette tâche, aussi sommes-nous heureux de saluer ce premier essai d'un **Livre-Atlas** à *l'usage de l'enseignement des colonies*, non pas de toutes les colonies indistinctement, mais à l'usage de chacune d'elles.

Ce que toutes doivent connaître, c'est la **France**, sa place et son rôle dans le **monde**.

L'exposé sommaire de la géographie de la France et de l'Europe formera donc la partie commune à tous, le lien qui rattachera, les uns aux autres, le Français du nord au Français des tropiques, l'écolier noir du Sénégal à l'Annamite et au Tonkinois de race jaune, le Malgache de teint foncé au créole des îles françaises.

Chacun trouvera ensuite ce qui lui convient plus particulièrement dans des fascicules séparés dont les titres suffisent à indiquer l'objet.

C'est donc une œuvre complète que la librairie Delagrave a conçue et menée à bonne fin, grâce aux collaborations distinguées dont elle a eu le concours. Nous ne mettons pas en doute son succès.

Avril 1900.

GÉNÉRAL NIOX.

---

*Partie commune :* **L'Europe. — L'Asie. — L'Afrique. — L'Amérique. — L'Océanie.** — La **France** et ses colonies.

*Fascicules spéciaux :*

1° **Colonies de l'Océan Indien :**
Madagascar et dépendances. — Réunion. — Côte des Somali. — Établissements de l'Inde.

2° **Colonies d'Extrême-Orient :**
Indo-Chine. — Concessions de Chine.

3° **Colonies de l'Océan Pacifique :**
Nouvelle-Calédonie et dépendances. — Établissements français d'Océanie.

4° **Colonies de la mer Méditerranée :**
Algérie et Tunisie. — Écoles françaises du Levant.

5° **Colonies de l'Afrique occidentale et centrale :**
Sénégal et Soudan. — Côte de Guinée et Dahomey. — Congo et lac Tchad.

6° **Colonies de l'Océan Atlantique :**
Saint-Pierre et Miquelon. — Pêcheries de Terre-Neuve. — Antilles. — Guyane.

---

## BASSIN DE LA MER MÉDITERRANÉE

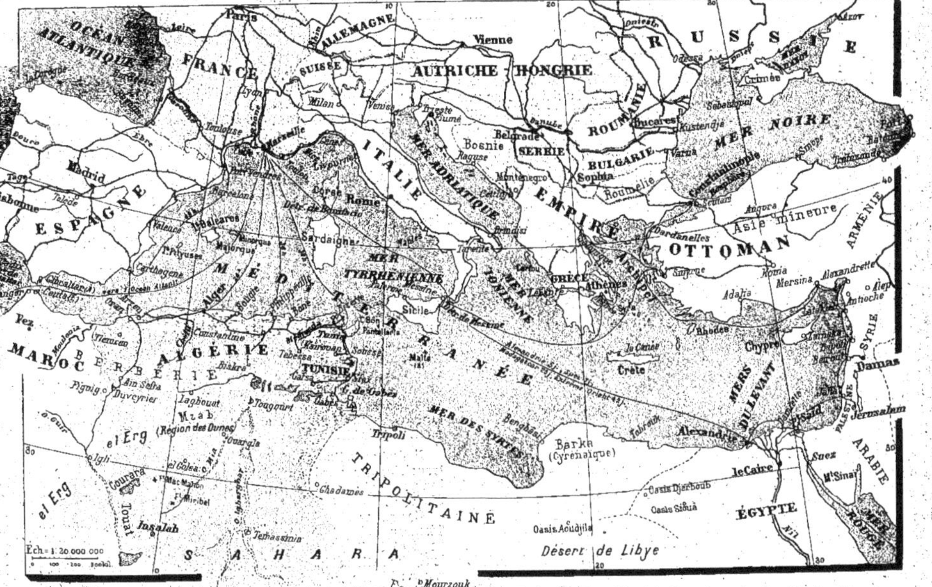


## LA MER MÉDITERRANÉE

La mer **Méditerranée** est une mer intérieure.

Elle communique avec l'océan Atlantique par **le détroit de Gibraltar**, large seulement de 15 kilomètres.

On ne pouvait autrefois y pénétrer ou en sortir que par ce détroit. Actuellement on a percé à travers l'**isthme de Suez** un canal qui permet aux navires de passer de la mer Méditerranée dans la mer Rouge, et de là dans l'océan Indien. *Cette route maritime est devenue la plus courte et la plus fréquentée pour aller d'Europe en Asie et en Océanie.*

La mer Méditerranée baigne les côtes: 1° de l'Europe méridionale (Espagne, France, Italie, Péninsule des Balkans, Grèce); 2° de l'Afrique septentrionale (Maroc, Algérie, Tunisie, Tripolitaine, Égypte); 3° de l'Asie mineure.

Elle forme le long des côtes des mers particulières : la **mer des Baléares**, les **golfes du Lion** et **de Gênes**, la **mer Tyrrhénienne**; la **mer Adriatique**, la **mer Ionienne**, la **mer des Syrtes**, la **mer du Levant**, la **mer Égée**.

La mer Méditerranée est une mer très belle, au climat tiède. On l'a appelée mer d'Azur, à cause de la couleur des eaux, qui reflètent un ciel presque toujours bleu. Les grandes tempêtes y sont rares et la navigation est facile.

Elle est prolongée à l'est par la **mer Noire**, qui communique avec la mer Méditerranée par un long détroit (*Bosphore, mer de Marmara, Dardanelles*).

Les côtes d'Europe et d'Asie sont très découpées et présentent des ports très nombreux et très sûrs.

Les principaux ports de la mer Méditerranée sont : **Marseille, Alger, Tunis, Gênes, Naples, Barcelone, Trieste, Constantinople, Salonique, le Pirée, Smyrne, Alexandrie**; le principal port de la mer Noire est **Odessa**.

La mer Méditerranée est divisée en deux parties, ou *bassins*, par le **détroit de Sicile**.

L'histoire du monde s'est ouverte aux bords de la mer Méditerranée. Les plus anciens Empires ont été créés en Asie mineure, en Égypte, en Grèce, en Italie, en Berbérie.

Les plus grandes villes de l'ancien monde : **Troie, Tyr Carthage, Athènes, Memphis, Babylone, Ninive, Jérusalem, Rome**, ont grandi sur les bords ou dans le voisinage de la mer Méditerranée.

Aujourd'hui la mer Méditerranée est la mer la plus commerçante du monde. Elle relie l'Europe, l'Afrique et l'Asie.

*La France est la Puissance européenne qui a la situation la plus importante dans la mer Méditerranée.*

Elle possède : 1° **l'Algérie, colonie française;**
2° la **Tunisie, protectorat.**

Elle n'a aucune possession dans le Bassin oriental, mais elle y exerce une influence qui date de très longtemps.

C'est la France qui a conduit pendant trois siècles les grandes guerres appelées *croisades*, pour délivrer Jérusalem, la Ville Sainte des chrétiens. L'héroïsme des soldats français est resté légendaire en Orient.

*Tout étranger chrétien y est appelé Franc.*

Aussi la France a obtenu, en 1535, du sultan *Soliman le Magnifique*, le **protectorat de tous les chrétiens d'Orient**, quelle que soit leur nationalité.

La France est représentée dans le Levant[1] par de nombreux *consuls et agents* et par les *missions et ordres religieux, qui y enseignent à la fois la religion chrétienne et la langue française.*

**A Constantinople**, à **Smyrne**, à **Mersina**, à **Alep**, à **Beyrouth**, à **Jérusalem**, à **Damas**, en **Arménie**, dans le **Liban**, en **Égypte, etc.**, sont des groupes très importants d'*écoles chrétiennes, israélites* et *musulmanes*, soutenues et protégées par la France.

La France est donc la grande Puissance méditerranéenne :
1° par la **possession de l'Algérie**;
2° par le **protectorat de la Tunisie**;
3° par le **protectorat religieux des chrétiens du Levant** et l'influence séculaire de son nom en Orient.

1. On appelle ordinairement **Levant** l'Asie mineure et les mers qui la baignent.

# L'AFRIQUE SEPTENTRIONALE ou BERBÉRIE

## Notions générales

Le nord du continent africain, depuis les côtes occidentales du Maroc jusqu'aux côtes orientales de la Tunisie, forme une région complètement distincte de la grande masse de l'Afrique.

Baignée au nord et à l'est par la mer Méditerranée, à l'ouest par l'océan Atlantique, l'**Afrique septentrionale** est séparée de l'Afrique centrale par le plus grand désert du monde, le **Sahara.**

Les Arabes ont appelé cette région *Djezirah el Maghreb, île de l'Occident.* C'est bien en effet une grande île, isolée entre des mers et des déserts.

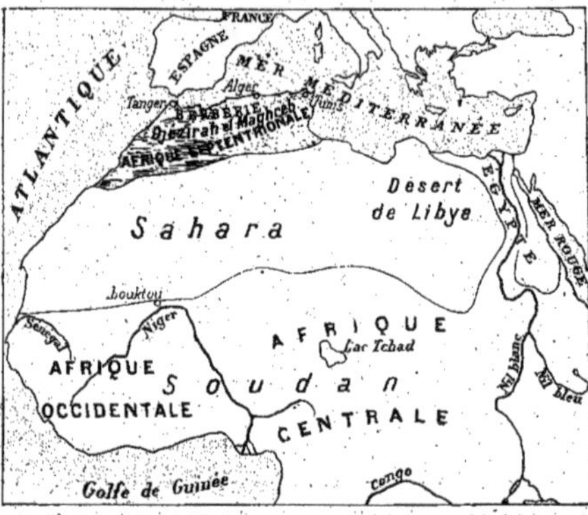


Géographiquement on l'appelle **Berbérie**[1], c'est-à-dire pays des Berbères. Les *Berbères* sont une des plus anciennes populations de l'Afrique septentrionale.

La Berbérie est divisée actuellement en trois pays: le **Maroc** à l'ouest, l'**Algérie** au centre, la **Tunisie** à l'est.

Mais la constitution générale du sol présente un aspect d'ensemble uniforme.

Depuis le *cap Ghir* (Maroc) jusqu'au *cap Bon* (pointe orientale de la Tunisie), les chaînes de montagnes sont presque parallèles entre elles. Et quand on part de la côte méditerranéenne, on monte du nord au sud, et on traverse trois régions distinctes : le **Tell,** les **Hauts Plateaux,** les **Chaînes sahariennes.**

Le **Tell** borde la côte et forme une région accidentée, fertile, labourable, colonisable par l'Européen. C'est là que sont les villes et les habitants sédentaires.

Les **Hauts Plateaux** sont de hautes terrasses à peu près planes, sans arbres ni cultures, mais couvertes de pâturages après les pluies d'automne et de printemps. Ils se prêtent à l'élevage et sont parcourus par des nomades.

Les **Chaînes sahariennes** séparent les Hauts Plateaux du Sahara. Elles ont quelques bois, et quelques vallées suffisamment arrosées où un petit nombre d'habitants, fixés dans des villages appelés *ksour,* entretiennent des palmiers et cultivent un peu d'orge et des légumes.

On descend ensuite dans le Sahara, vaste désert infertile, où l'on ne rencontre que de maigres pâturages et des *oasis* de loin en loin, et qui est parcouru par de grandes tribus nomades.

1. De *Berbérie* vient l'ancien nom d'*États et Côtes barbaresques.* Des géographes appellent parfois la Berbérie *Afrique mineure,* ou petite Afrique.

*La Berbérie est beaucoup plus longue que large.* De l'ouest à l'est, de l'océan Atlantique au golfe de Gabès, elle a 2,000 kilomètres de longueur; du nord au sud, sa largeur moyenne est d'environ 300 kilomètres.

Les rivières ont presque toutes leur cours perpendiculaire à la côte, et leurs vallées, coupant les montagnes, forment des obstacles dans le sens de la longueur de la Berbérie, mais ouvrent les routes vers la mer.

La Berbérie est ainsi divisée dans sa longueur, de l'est à l'ouest, en de nombreuses régions, formant comme des *compartiments,* dans lesquels les tribus se sont cantonnées et isolées les unes des autres. Il en est résulté de grandes différences de mœurs et de caractère entre les tribus de l'est, du centre et de l'ouest.

Il en résulte aussi que les communications sont longues et difficiles de l'est à l'ouest. Il faut s'engager dans les couloirs des montagnes, de plus en plus nombreux et pénibles à mesure qu'on s'avance vers l'ouest, puis traverser les rivières ou les descendre pour atteindre, soit les plaines intérieures, soit la mer.

Au contraire, du nord au sud, dans le sens de la largeur, les communications entre les trois régions caractéristiques de la Berbérie : le Tell, les Hauts Plateaux et le Sahara, sont plus faciles et plus courtes. Les relations des nomades, habitant les Hauts Plateaux et le Sahara, se portent naturellement vers le Tell.

Il s'est constitué ainsi dans toute la Berbérie des zones bien tranchées, du nord au sud, dans lesquelles les populations indigènes et la colonisation européenne présentent un aspect différent.

Ces zones s'appelaient autrefois le Maroc, le royaume de Tlemcen, le beylicat d'Oran, la régence d'Alger, le royaume ou beylicat de Constantine, la régence de Tunis. Elles ont gardé leur séparation et leur physionomie particulière avec les mêmes noms : Maroc, Algérie (provinces d'Oran, d'Alger et de Constantine), Tunisie.

Ces considérations générales doivent servir de base pour l'étude de l'Algérie et de la Tunisie.

## Grandes divisions politiques de la Berbérie.

La France possède en Berbérie :

1° **l'Algérie,** *colonie française;*

2° le **beylicat,** ou **Régence de Tunis,** *protectorat;*

Sa zone d'influence et de pénétration s'étend sur le Sahara, entre le Sahara marocain et le désert de Libye, et jusqu'aux territoires du Niger et du lac Tchad (Afrique centrale), qui lui appartiennent également.

Le **Maroc** forme un empire indépendant.

## Résumé historique.

**La Berbérie ancienne.** — La Berbérie a appartenu successivement aux Carthaginois, aux Romains, aux Vandales, aux Arabes et aux Turcs.

Les Romains fondèrent de grandes villes, dont beaucoup ont disparu ou n'ont laissé que des ruines. La fertilité du pays, qu'on appelait *Numidie* à l'est et *Maurétanie* à l'ouest, était remarquable, grâce aux travaux des gouverneurs romains.

On trouve en Algérie et en Tunisie les débris de nombreux aqueducs, de citernes, etc.

Les invasions des Vandales, puis plus tard celles des Arabes, ruinèrent le pays. Les populations berbères (Libyens, Numides, Garamantes, Gétules, Maures, etc.), qui avaient résisté aux Romains, luttèrent aussi contre les Arabes. Mais elles durent se réfugier dans les montagnes et dans le désert.

Les *Kabyles* et les *Touareg* représentent les deux principaux types de ces premiers habitants de la Berbérie.

**Les pirates algériens.** — Les Arabes fondèrent plusieurs royaumes. Les plus prospères furent ceux de *Fez,* de

*Tlemcen*, d'*Alger*, de *Kairouan*. Mais ils profitèrent surtout des ports de la côte pour faire la piraterie sur la Méditerranée. Les pirates sarrasins, et plus tard, après la conquête de l'Algérie et de la Tunisie par les Turcs, les corsaires turcs ont été, pendant quatre siècles, maîtres de la Méditerranée. Ils pillaient non seulement les navires européens, mais descendaient sur les côtes d'Espagne, de France, d'Italie et de Sicile, brûlaient les villages, massacraient les habitants ou les emmenaient en esclavage.

Les puissances européennes, l'Espagne et la France entre autres, firent plusieurs expéditions contre les pirates barbaresques. Les flottes turques furent deux fois anéanties par les escadres chrétiennes aux batailles navales de Lépante (1571) et de Navarin (1827). Alger fut bombardé à plusieurs reprises par les navires français.

Mais ce ne fut qu'en 1830 que la France mit fin à cette longue période de barbarie, en s'emparant d'Alger.

**Prise d'Alger.** — En 1830, la régence d'Alger, sous la suzeraineté de la Turquie, comprenait trois *beylicats* : Oran, Titeri, Constantine. Elle était gouvernée par un *dey*, qui résidait à Alger.

Le dey d'Alger, *Hussein*, insulta gravement le consul de France. Ce fut le prétexte qui amena la guerre; mais le gouvernement français l'avait prévue, il ne pouvait supporter plus longtemps que le commerce européen ne fût pas libre dans la mer Méditerranée.

Une armée française débarqua à *Sidi-Ferruch*, battit les troupes arabes et turques à *Staouëli*, et s'empara d'Alger le 5 juillet. Le dey et les janissaires turcs furent expulsés.

Le bey d'Oran s'empressa de reconnaître l'autorité de la France. Une garnison fut envoyée à Oran.

Les beys de Titeri et de Constantine prétendirent conserver leur indépendance.

En même temps les agents turcs et les marabouts prêchaient la guerre sainte et excitaient les tribus arabes et berbères à la lutte contre les envahisseurs chrétiens.

**Abd-el-Kader.** — Un chef arabe de la province d'Oran, brave et intelligent, *Abd-el-Kader*, se crut assez fort pour résister à la France. Il réussit à grouper autour de lui un certain nombre de tribus des beylicats d'Oran et de Titeri, et commença la guerre dès 1832. Elle dura jusqu'en 1847.

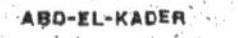

ABD-EL-KADER

Abd-el-Kader fut un moment maître d'une partie de l'Algérie, il livra des combats heureux à des détachements français, mais quand les généraux français, tel que le maréchal *Bugeaud*, dirigèrent contre lui de fortes expéditions bien organisées, il dut reculer peu à peu, s'enfoncer dans les Hauts Plateaux, perdant chaque année ses partisans et son prestige. Il se réfugia au Maroc et entraîna le sultan du Maroc à intervenir en sa faveur.

Les troupes marocaines furent complètement battues à la bataille de l'*Isly* (1844). Trois ans après, Abd-el-Kader, n'ayant plus que quelques fidèles soldats survivants, se rendait aux Français (1847). Il se retira à Damas, et garda la parole qu'il avait donnée de ne plus faire la guerre à la France. Il protégea même les chrétiens pendant des massacres qui eurent lieu en Syrie en 1860.

**Conquête de l'Algérie.** — Abd-el-Kader mourut en 1883. Il se trompa en voulant lutter contre la France, mais il croyait à la nationalité arabe, il rêvait de constituer un grand empire musulman, et les Français rendent hommage à ses talents et à son caractère.

LE MARÉCHAL BUGEAUD

Beaucoup de tribus suivirent Abd-el-Kader, mais dès qu'il était battu, la plus grande partie l'abandonnaient.

En effet, les tribus arabes n'ont aucune idée de patrie ni de nationalité, parce qu'elles sont divisées et séparées par la nature du sol, et qu'elles sont habituées à vivre dans un espace assez restreint.

L'exaltation de la foi religieuse leur fait prendre les armes et suivre un chef qui prêche la guerre sainte, mais elles se découragent rapidement, surtout quand il faut s'éloigner de leurs *douars*, et quand elles apprennent que le vainqueur occupe le sol où elles vivaient. Elles se soumettent alors aussi rapidement qu'elles se soulèvent. Elles résistent plus longtemps et plus opiniâtrément quand elles se défendent chez elles, et que le pays s'y prête, comme en Kabylie.

De plus, malgré son activité, Abd-el-Kader ne pouvait être partout en Algérie. En 1837, les Français avaient pris *Constantine*, et toute la province de Constantine lui fut fermée.

La conquête française a été facilitée par cette division des tribus arabes. Mais elle a éprouvé parfois de grandes peines à soumettre certaines tribus, retranchées dans les régions montagneuses ou pouvant se réfugier dans le désert.

Après la disparition d'Abd-el-Kader, des colonnes françaises s'emparèrent de **Zaatcha**, de **Laghouât**, du **Mzab** et de **Tougourt**, à la limite du Sahara (1849-1854).

**La conquête de la Kabylie** dura dix ans (1848-1858). Mais elle a marqué la fin de la période de guerre continue.

Depuis cette époque, il y eut des insurrections locales, en Kabylie (1871), dans l'Aurès (1878), sur les Hauts Plateaux (1881), mais toutes furent réprimées sévèrement.

Les Arabes ont compris l'intérêt qu'ils avaient à vivre tranquilles sous la bienfaisante administration de la France.

Dans le Tell, où la colonisation européenne s'est développée d'une façon remarquable, la population indigène est loyalement attachée aux institutions françaises et travaille à côté des colons.

L'occupation progressive des Hauts Plateaux (Géryville, Méchéria, Aïn Sefra) et la construction du chemin de fer ont appris aux nomades le respect de la France.

Dans le Sahara, où les grandes tribus nomades, les Touareg surtout, étaient difficiles à atteindre et se croyaient invincibles, la création successive des postes de *Ouargla*, *El-Goléa*, des forts *Mac-Mahon*, *Miribel*, etc., etc., l'occupation du *Touat* et d'*Insalah* (1900), leur ont prouvé que partout où la France voulait imposer sa domination, il fallait la reconnaître.

Après s'être soumises à la force, les tribus finissent par se soumettre de bon gré.

En 1881, la France a placé la **Tunisie** sous son protectorat, et a complété ainsi la conquête de l'Algérie.

Seul, le **Maroc** garde son indépendance, mais l'influence européenne, et en particulier celle de la France, s'y fait sentir.

# L'ALGÉRIE

## DESCRIPTION PHYSIQUE

**Les limites.** — L'Algérie est située entre le Maroc, à l'ouest, et la Tunisie, à l'est.

La limite avec le Maroc a été déterminée par le traité du 18 mars 1845 jusqu'au 32° de latitude. L'article 4 du traité porte *qu'au delà il est inutile d'établir une limite puisque la terre ne se laboure pas.* Le traité énumérait seulement les tribus nomades relevant de l'Algérie ou du Maroc.

On ne connaissait pas bien alors la géographie des régions du sud, et on a laissé au Maroc des terres et des tribus qui devraient appartenir à l'Algérie.

La limite précise part de la côte, à l'embouchure de l'*oued Adjéroud*, et se termine au *Teniet Sassi*, un peu au nord du *chott El-Gharbi*.

Dans le sud, *Figuig* est supposé sous la suzeraineté du Maroc, mais les colonnes françaises se sont souvent portées à l'ouest pour poursuivre et châtier les tribus révoltées des Hauts Plateaux et du Sahara.

En 1900, les troupes françaises ont occupé *Igli*, *In-Salah* et les oasis du *Touat* et du *Tidikelt*.

La limite avec la Tunisie part de la côte près de *Tabarca*, et suit une ligne conventionnelle du nord au sud, en laissant le *chott Djerid* à la Tunisie et le *chott Melghir* à l'Algérie.

Bien que la Tunisie soit sous le protectorat français et occupée militairement, la limite avec l'Algérie a gardé sa valeur administrative et douanière.

Au sud, l'Algérie se prolonge par les postes du Sahara, qui tiennent les routes des caravanes de l'Afrique centrale.

**Le sol.** — L'Algérie présente les trois zones caractéristiques de la Berbérie : le **Tell**, les **Hauts Plateaux**, le **Sahara**.

Dans son ensemble, le relief a la forme d'une longue terrasse, les **Hauts Plateaux**, légèrement creusé au milieu, haute en moyenne de 800 à 1,000 mètres, et soutenue au nord et au sud par deux puissantes murailles dont les plus hautes cimes atteignent 2,000 mètres. Au nord, ce sont les **montagnes du Tell**, au sud les **Chaînes sahariennes.**

Les **montagnes du Tell** forment plusieurs alignements parallèles, qui s'élèvent progressivement en montant, comme des marches d'escalier, de la côte vers les Hauts Plateaux. Elles sont coupées par de nombreuses vallées, et enferment entre leurs plissements des plaines assez étendues. Leurs pentes les plus roides sont vers le nord.

Les **Chaînes sahariennes** sont aussi alignées par crêtes parallèles, mais leurs pentes roides sont vers le sud. Toutes leurs vallées, sauf celle du Chéliff, descendent vers le Sahara.

Les **Hauts Plateaux** sont des plaines larges, impropres à la culture et creusées de cuvettes plus ou moins grandes (*chotts, zahrès*, etc.). Quelques rides montueuses les accidentent.

Les directions des montagnes du Tell et des Chaînes sahariennes ne sont pas parallèles entre elles. Elles se rapprochent en montant vers le nord-est, et se confondent à peu près à l'extrémité orientale de la Tunisie.

Il en résulte que la *terrasse des Hauts Plateaux diminue de largeur et change d'aspect, en allant de l'ouest à l'est.* Elle disparaît même en Tunisie.

Les trois régions : Tell, Hauts Plateaux, Chaîne saharienne, sont très bien marquées dans les provinces d'Oran et d'Alger, plus confuses dans la province de Constantine, et n'en font plus qu'une pour ainsi dire en Tunisie.

Dans la province de Constantine, à peu près au centre de l'Algérie-Tunisie, la grande *dépression du Hodna* sépare nettement les Hauts Plateaux de l'ouest de ceux de l'est. On peut même considérer le Hodna comme la fin des Hauts Plateaux proprement dits.

Les trois provinces, **Oran**, **Alger**, **Constantine**, et la **Tunisie** diffèrent donc au double point de vue du relief du sol et des mœurs de la population. Elles doivent être étudiées à part. Mais l'Algérie forme aujourd'hui un bloc politique et colonial, et avant d'entrer dans le détail des provinces, il faut en connaître la physionomie d'ensemble.

**Les côtes.** — Les côtes de l'Algérie sont en général élevées et rocheuses.

Les montagnes du Tell, disposées en échelons les unes derrière les autres, se terminent toutes brusquement sur la mer Méditerranée, et leurs extrémités forment ainsi des caps assez aigus, mais peu avancés dans la mer.

Ces caps, ou promontoires rocheux, abritent des petites baies, dans lesquelles sont les ports algériens.

Ces ports ou rades sont ouverts aux vents du nord-est, mais abritées des vents du nord-ouest, qui sont les plus fréquents et les plus dangereux.

Les principales baies sont :

la **baie** ou **golfe d'Oran**, avec le *port d'Oran* et la *rade de Mers-el-Kébir*, que protègent les hauteurs du *cap Falcon;*

la **baie d'Arzeu**, entre les *cap Carbon* et *Ivi*, une des meilleures rades de l'Algérie, avec le *port d'Arzeu;*

la **baie** ou **golfe d'Alger**, superbe rade, abritée par les *pointes Pescade* et *Matifou*, avec le **grand port d'Alger**;

la **baie** ou **golfe de Bougie**, le meilleur port naturel de l'Algérie, dominée à l'ouest par le *cap Carbon* et fermée à l'est par le *cap Cavallo*, qui abrite le petit *port de Djidjelli;*

le **golfe** de **Philippeville**, creusé entre le haut promontoire montagneux du *cap Bou-Garoun* et le *cap de Fer* (ports de *Collo* et de *Philippeville*);

la **baie de Bône**, dominée par le *massif de l'Edough* (*cap de Garde*), fermée à l'est par le *cap Rosa*, avec le port de *Bône* et l'embouchure de la Seybouse;

la **petite baie de la Calle**, dont l'extrémité est le *cap Roux* qui forme la limite de la Tunisie.

**Les montagnes du Tell.** — On donne le nom de **Tell** à l'ensemble des lignes de hauteurs qui s'allongent parallèlement les unes aux autres depuis la Méditerranée jusqu'aux Hauts Plateaux.

*Tell* veut dire *colline, terre cultivable.* Le Tell s'étend donc jusqu'à la région qu'on ne peut plus labourer. La limite est souvent indécise et varie avec les régions, en allant de l'ouest à l'est. On peut pourtant la tracer par une ligne générale qui passe au sud et près de *Saïda* et *Tiaret* (province d'Oran), *Boghar, Aumale* (province d'Alger), *Bordj-bou-Areridj, Sétif* (province de Constantine).

Ainsi déterminée, la largeur du Tell varie de 150 kilomètres dans la province d'Oran à 100 kilomètres (provinces d'Alger et de Constantine). C'est la région habitée et cultivée par des indigènes sédentaires et par les colons européens.

Les montagnes du Tell forment des chaînes ou massifs, alignés parallèlement, profondément découpés par des vallées torrentueuses, ou séparés par des plaines qui sont orientées dans le même sens que les chaînes.

La montagne est souvent âpre et nue, les crêtes difficiles et les gorges sauvages; mais de belles forêts couvrent les pentes bien abritées, surtout à l'est, et les vallées et les plaines sont généralement fertiles.

On distingue facilement un certain nombre de *rides* ou *chaînes* et de *massifs* dominants.

Les principales chaînes sont, de l'ouest à l'est :

1° le long de la côte : les **monts des Traras** et de **Tessala**, le **Dahra**, le **Sahel algérien**, les **monts de Kabylie**, la **chaîne des Babor**, l'**Edough**;

2° au centre et formant la ride principale : les **monts de Tlemcen**, des **Beni-Chougran**, le **massif de l'Ouarsenis**, les **monts du Titeri**, la **chaîne des Bibân**;

3° en bordure des Hauts Plateaux : les **monts de Daya**, de **Saïda**, du **Hodna**, de **Constantine**, de la **Medjerda**.

Les principales plaines sont près de la côte et entre les première et deuxième zones de hauteurs : **plaines d'Oran**, du **Sig** et de l'**Habra**, du **Chéliff** ou d'**Orléansville**, d'**Eghris** ou de **Mascara**, de la **Mitidja**, de **Medjana**, du **Hodna**, etc.; à l'est, elles se confondent souvent avec la terrasse des Hauts Plateaux (**plaine des Sbakh**, etc.).

Sur l'ensemble des montagnes du Tell se détachent deux grands massifs, qui contiennent les cimes les plus élevées; l'**Ouarsenis**, (point culminant, 1,985 mètres) et le **Djurdjura**, dont la cime, *Lalla Khedidja* (2,308 mètres) est la deuxième de l'Algérie. Ces deux massifs sont symétriques à deux autres puissants massifs, situés au sud des Hauts Plateaux, le **Djebel Amour** (1,900 mètres) et l'**Aurès**, qui présente la plus haute cime de l'Algérie, le *Djebel Chelia* (2,328 mèt.).

**Les cours d'eau du Tell.** — Les cours d'eau du Tell se jettent tous dans la mer Méditerranée. Leur cours est sinueux et intermittent. Gonflés par les pluies en hiver et coulant à pleins bords à certains moments, ils sont à sec en été, ou marqués par un simple filet d'eau. Ils ont le caractère torrentiel et ne sont pas navigables. Leurs embouchures sont souvent obstruées par des barres de sable ou des marécages.

VUE DU CHÉLIFF

Dans les hautes vallées et dans les défilés par lesquels ils traversent les chaînes du Tell, on a créé des *barrages*, qui recueillent les eaux et permettent de les répandre dans les plaines pour en assurer l'arrosage régulier et constant.

Chaque cours d'eau algérien forme un petit bassin, souvent très isolé des bassins voisins, ayant ainsi sa vie et son aspect particuliers, n'ouvrant des communications faciles qu'avec la mer et les Hauts Plateaux.

Les principaux cours d'eau[1] sont, de l'ouest à l'est :

la **Tafna** (170 kilomètres), avec ses affluents et sous-affluents : *Isser, Sikka, Mouïla, Isly*, qui arrosent la région de Tlemcen, voisine du Maroc;

la **Macta**, formée du *Sig* (240 kilomètres) et de l'*Habra* (240 kilomètres), qui fertilisent les plaines du même nom et dont les hautes vallées viennent de Daya et de Saïda; elle se jette dans la baie d'Arzeu;

le **Chéliff**, à qui seul, par sa longueur, on peut donner le nom de fleuve en Algérie; il n'est pourtant pas navigable, mais son cours en arc de cercle atteint 700 kilomètres; il vient du Djebel-Amour, traverse les Hauts Plateaux où il reçoit le *Nahr-ouassel*, arrose une partie de la plaine d'Orléansville, où il reçoit le *Riou* et la *Mina* qui sortent de l'Ouarsenis;

le **Mazafran**, formé de l'oued Djer ou Ouadjer, et de la *Chiffa*, qui arrosent la Mitidja;

l'**Isser** (220 kilomètres) et le **Sahel** (200 kilomètres), qui encadrent le massif de la Kabylie, arrosé lui-même par le **Sebaou** (115 kilomètres);

l'**oued El-Kébir** (226 kilomètres), appelé **Rummel** dans sa haute vallée, qui passe à Constantine;

la **Seybouse** (232 kilomètres), la seule rivière algérienne qui peut porter des barques à quelques kilomètres de son embouchure, se jette à Bône.

La **Medjerda** et son affluent, le *Mellègue*, prennent leur source sur les plateaux de la province de Constantine, mais ce sont des rivières tunisiennes. (Voir Tunisie page 34.)

**Les Hauts Plateaux.** — *A l'ouest du Hodna*, les Hauts Plateaux sont nettement marqués et faciles à limiter, au nord et au sud, par les montagnes du Tell et les Chaînes sahariennes.

*A l'est du Hodna*, au contraire, ils diminuent progressivement de largeur et perdent peu à peu leur caractère de sécheresse et d'aridité. Ils se confondent souvent avec le Tell.

Les Hauts Plateaux de l'ouest, ou *oranais*, forment une terrasse de 200 kil. de largeur, d'une altitude moyenne de 1000 m.

Cette terrasse est creusée au centre par une sorte de cuvette allongée, qui recueille les eaux du plateau.

Trois grandes dépressions marquent ce bassin intérieur. On les appelle *chotts* (*chott El-Gharbi*, *chott Ech-Chergui*, *chott Tigri*). Ces chotts paraissent le plus souvent à sec; ils sont couverts d'efflorescences salines, mais, quand on y pénètre, on reconnaît que la croûte superficielle est peu consistante, et qu'au-dessous sont des vases profondes et humides.

A l'époque des pluies, ils forment des blancs d'eau très étendus. Leur traversée est toujours pénible, et parfois dangereuse.

Quelques hauteurs autour des chotts, de longs plis de terrain et des bandes de dunes accidentent l'uniformité de la plaine.

Les Hauts Plateaux de l'est, moins larges et moins hauts, sont aussi creusés à l'intérieur. Les *chotts Zahrès* et *Hodna* sont les dépressions les plus importantes. De nombreuses *guerras* (petits chotts) et *sbakh* (pluriel de *sebkha*) marquent la suite de la cuvette centrale jusqu'à la vallée de la Medjerda, qui la termine.

Le *chott Hodna* est le fond d'un bassin fermé et déprimé, qui fait la séparation entre les Hauts Plateaux de l'ouest et de l'est.

Le caractère général des Hauts Plateaux de l'ouest est d'être impropres à la culture, parce que l'eau y manque et que les pluies y sont rares. Ceux de l'est, au contraire, se prêtent en partie à la culture.

Le Chéliff est le seul cours d'eau qui traverse les Hauts Plateaux.

On y trouve pourtant quelques oueds où l'eau coule souterrainement, quelques mares (*dayas* et *r'dirs*) où l'eau des pluies se conserve quelque temps, des puits (*oglats* ou *hassi*) plus ou moins profonds. Le sol, souvent aride, est couvert sur d'assez grandes étendues d'une végétation herbacée qui résiste à la rigueur du climat. La principale plante utile est l'*alfa*. (V. page 13.) Après les pluies, de véritables prairies apparaissent, fleurissent rapidement et disparaissent bientôt sous la dent des troupeaux et la brûlure des vents chauds.

Les Hauts Plateaux offrent donc quelques pâturages aux

1. Le mot *oued* veut dire *cours d'eau*. Nous l'avons supprimé autant que possible devant les noms, pour nous conformer au mode général de nomenclature de la géographie.

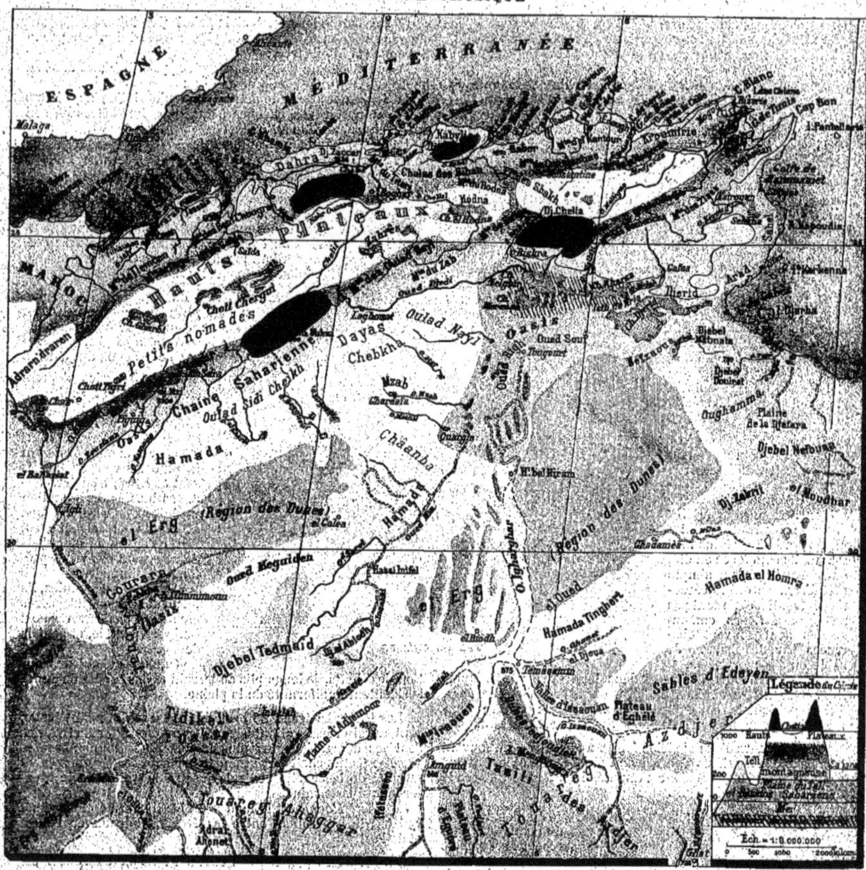


tribus nomades, qui les parcourent en montant et en descendant alternativement du nord au sud, entre le Tell et le Sahara.

**Les Chaînes sahariennes.** — Les Hauts Plateaux se terminent sur le désert du Sahara par des chaînes de montagnes, plus ou moins épaisses, disposées, comme les montagnes du Tell, par échelons de rides parallèles. Mais là s'arrête la ressemblance.

Les chaînes sahariennes ont le caractère des Hauts Plateaux et du Sahara. Elles dressent des arêtes rocheuses et décharnées jusqu'à plus de 2,000 mètres, et forment une muraille continue, dominant les Hauts Plateaux de 4 à 500 mètres en moyenne, et le Sahara de plus de 1,000 mètres.

Les principales chaînes sont :

les **monts des Ksour**, ainsi appelés parce qu'ils abritent dans des vallées quelques oasis et des villages assez misérables (*Ksar*, pluriel, *Ksour*) ; point culminant : *Djebel Mzi* (2,200 mètres) ;

le **Djebel Amour**, zone montagneuse assez épaisse qui se prolonge sur les Hauts Plateaux ; points culminants : *Kef-bou-Derga* (1,937 mètres) et *Djebel Touila* (1,927 mètres) ;

les **monts des Oulad-Nayl** ; point culminant : le *Senalba* (1,600 mètres) ;

les **monts du Zab et de Batna** ;

l'**Aurès**, puissant massif aux rides très marquées, avec le *Chelia* (2,328 mètres) ;

les **monts des Nemencha ou Nememcha**, qui se prolongent en Tunisie par les *monts des Zlass*.

Les chaînes sahariennes de l'ouest ne forment pas barrière avec le Sahara. Elle s'y prolongent par des contreforts qui se

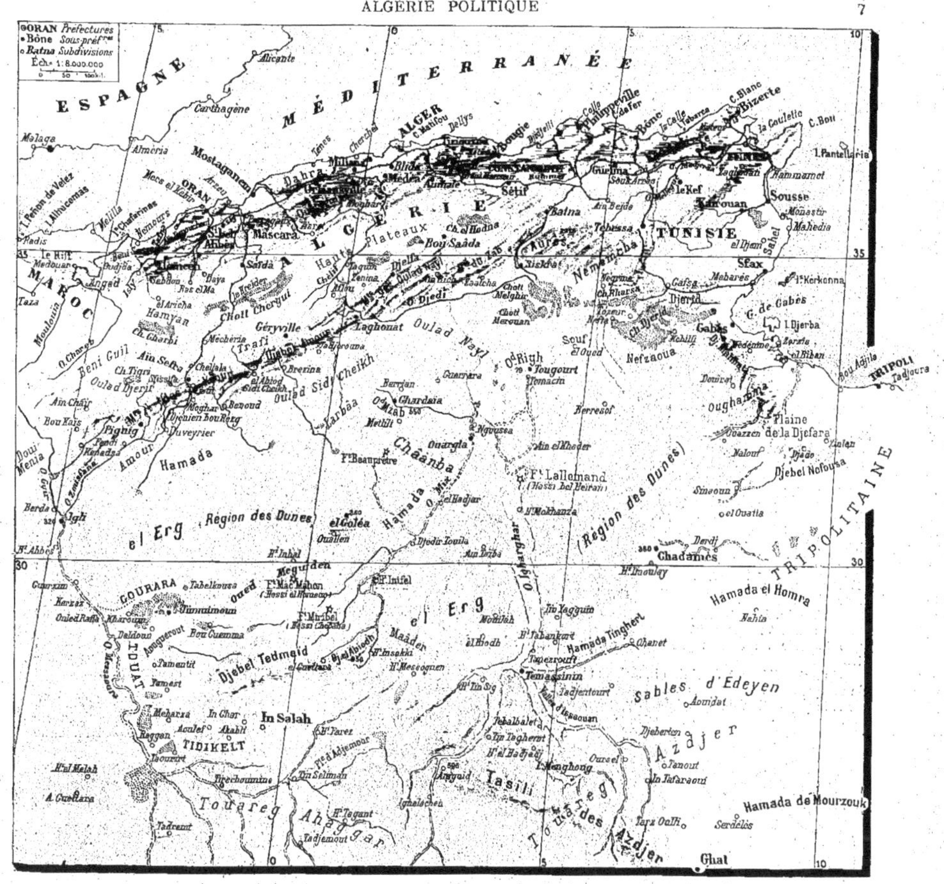


confondent avec les rides et plateaux qui accidentent le Sahara. De nombreuses brèches y sont pratiquées par les vallées qui toutes descendent vers le Sahara.

Ces vallées forment des *oued*, dont les lits, souvent larges et très tranchés, sont presque toujours à sec. Seulement l'eau coule souterrainement, et chaque fois qu'elle apparaît ou qu'on la fait jaillir par des puits artésiens, le palmier pousse et se développe, et il se forme une *oasis*, à l'abri de laquelle se groupent un village ou des tentes de nomades.

**L'oued Zousfana**, qui recueille les eaux des massifs marocains par l'*oued Guir*, et se prolonge par l'*oued Messaoura* ou *Saoura* à travers le Sahara alimente un grand bassin, marqué par de nombreuses oasis: *Figuig*, *Igli*, le *Gourara*, le *Touat*, le *Tidikelt*, etc.

A l'est du Chéliff, les chaînes sahariennes renferment des vallées intérieures, habitées et cultivées, telles que l'Aurès, et leurs eaux s'écoulent dans une grande dépression saharienne, marquée par les grands **chotts Melghir** et **Djerid**.

Ces chotts sont humides, bordés de régions d'oasis : *oued Righ*, *oued Souf*, *Nefza*, etc., et forment comme une sorte de *mer intérieure* recueillant les eaux d'un vaste bassin, dont les grands oueds desséchés, *Djedi*, *Mia* et *Igharghar*, marquent les anciens cours d'eau.

On peut donc considérer que les Chaînes sahariennes sont la limite septentrionale de deux grands bassins sahariens qui se rattachent plus particulièrement à l'Algérie, et qui sont limités au sud par la grande barrière des sables (*Erg*), alignée de l'ouest à l'est, d'Iguidi à la Tripolitaine.

## NOTIONS POLITIQUES ET ADMINISTRATIVES

**La population.** — La population de l'Algérie comprend actuellement deux éléments très distincts : les *indigènes* et les *Européens*.

L'arrivée des Européens en Algérie date de la conquête par la France (1830). Leur nombre s'est accru d'année en année avec la pacification du pays et les progrès de la colonisation, et il s'élève actuellement à près de 600,000 individus dont les deux tiers Français.

Les *Français* représentent naturellement la race dominante, par les *fonctionnaires* qui administrent le pays, par l'*armée* qui le défend, par les *colons* qui l'exploitent.

Les autres Européens sont *Espagnols*, *Italiens*, *Maltais*, *Allemands*.

Après la guerre de 1870-71, de nombreux *Alsaciens-Lorrains*, qui n'ont pas voulu accepter la cession de leur pays à l'Allemagne, sont venus chercher de nouveaux foyers en Algérie.

La plupart de ces colons, français et étrangers, se sont fixés en Algérie sans esprit de retour. Ils se sont souvent mariés entre eux et ils forment aujourd'hui un peuple *franco-algérien*, qui, tout en restant très attaché à la France, voudrait développer les richesses de l'Algérie, avec l'aide des indigènes. Leurs aspirations sont légitimes et la France a intérêt à leur laisser l'initiative dont ils ont besoin. Leur travail et leurs efforts ne peuvent que tourner au double profit de la colonie et de la métropole.

INDIGÈNES ALGÉRIENS ET TUNISIENS (Cl. Legendre.)

Un autre élément, d'origine indigène, mais transformé par la conquête, les *Israélites*, entrent aussi pour une part notable dans la population de l'Algérie. Leur nombre s'élève à 50,000 environ et tend à augmenter. Au contraire des colons européens, presque tous agriculteurs ou industriels, ils sont banquiers, commerçants hommes d'affaires.

(Collection Gastine.)

TENTES DE NOMADES

La population indigène (3,800,000 environ) comprend deux types distincts : le *Berbère* et l'*Arabe*.

Le Berbère, dont le *Kabyle* est le principal représentant, descend de l'ancienne population de la Berbérie.

Le *Maure*, ou *Hadri* (au pluriel *Hadar*), est aussi un type de Berbère, mais moins pur; il a du sang de toutes les races qui se sont succédé en Algérie; c'est le métis indigène.

L'Arabe est venu avec la conquête musulmane. Après avoir vaincu et soumis le Berbère, il s'est mélangé avec lui.

Plus tard, les *Turcs* ont conquis la Berbérie, et ils y ont laissé des traces de leur sang et de leur langue [1].

Aussi, il est difficile aujourd'hui de distinguer les populations indigènes. Les idiomes sont confondus, les mœurs sont souvent les mêmes.

On a dit que le Berbère était cultivateur et *sédentaire*, que l'Arabe était pasteur et *nomade*. Cette distinction n'est pas aussi absolue au point de vue des races. Mais elle est très vraie en ce qui concerne le genre de vie, et c'est elle qui différencie le plus nettement les tribus indigènes. Elles sont sédentaires ou nomades, et cela provient non point tant du tempérament particulier du Berbère ou de l'Arabe que du milieu où l'un ou l'autre ont été amenés à habiter.

Les indigènes qui vivent dans le Tell, région labourable, sont fixés au sol qu'ils cultivent : ce sont des *sédentaires*.

Ceux qui vivent sur les Hauts Plateaux et dans le Sahara, où l'eau est rare, où les pâturages sont étendus, ne peuvent qu'élever des troupeaux ; ils sont *nomades*.

Les sédentaires du Tell, de race berbère, arabe, ou *métisse*, sont groupés par *douars* (réunion de tentes ou de gourbis formant village).

Les Kabyles ont des villages en pierres (*thaddart*), mais, en général, les indigènes vivent sous la tente.

Le douar des nomades ne diffère de celui des sédentaires que par sa mobilité et son entourage de troupeaux.

Sédentaires ou nomades, Berbères, Kabyles ou Arabes, tous sont caractérisés par un attachement invincible aux anciennes coutumes et une constance de mœurs, qui remontent aux temps de la Bible.

Le milieu, en effet, n'a pas changé. En Algérie, en Tunisie, comme en Tripolitaine et en Syrie, le climat, le sol, la vie sont les mêmes qu'aux époques primitives. Aussi l'homme est resté tel qu'il était alors.

**La religion.** — La religion musulmane a favorisé cette sorte d'immobilité. Elle enseigne, en effet, au Berbère et à l'Arabe, que le Dieu suprême a tout réglé de toute éternité; elle enchaîne par des pratiques étroites sa liberté.

*Mektoub!* (C'était écrit!), *In cha Allah!* (S'il plaît à Dieu!). C'est la formule du fatalisme musulman.

Mais cette religion a ceci de particulier qu'elle est surtout *appropriée au climat*, et que ses préceptes dogmatiques très simples, sa morale très facile, conviennent parfaitement à la nature rustique et dure de l'indigène des pays chauds et secs.

L'Islamisme a, comme les religions chrétiennes, ses prédicateurs et ses confréries, dont l'influence est très grande et se traduit trop souvent par des excitations à la guerre sainte contre l'infidèle, c'est-à-dire contre le chrétien et l'Européen.

La France a réussi, par son esprit de tolérance, à convaincre la population et ses chefs religieux de ses intentions pacifiques, et l'apaisement s'accentue de plus en plus au grand profit de la prospérité de l'Algérie.

**Gouvernement et administration.** — L'Algérie est une **colonie** et forme un **gouvernement général**. Mais, par

1. On appelle les métis turcs (*Kouloughlis*, koulourlis). On trouve aussi des nègres, qui viennent du Soudan et du Sahara.

suite de son voisinage de la France et du chiffre de sa population européenne, son administration rappelle de près l'administration française.

L'Algérie est divisée en trois *départements*, correspondant aux trois provinces : Oran, Alger, Constantine; les départements en *arrondissements*, les arrondissements en *communes*, avec la hiérarchie des *préfets*, *sous-préfets* et *maires*, l'échelonnement de la justice en *cours d'appel*, *tribunaux*, *justices de paix*, la division en *évêchés* et *paroisses*, le régime scolaire et tous les services accessoires qui assurent le fonctionnement régulier d'une bonne administration.

Mais on a dû tenir compte de la population indigène, de son genre de vie, respecter ses mœurs et ses coutumes. Les mesures qui ont réglé les rapports administratifs, judiciaires, religieux de la France avec ses sujets indigènes, ont dû être étudiées et édictées avec le plus grand soin et la plus grande équité.

Comme les indigènes se divisent essentiellement en sédentaires et en nomades, la division territoriale de l'Algérie et le mode d'administration locale ont été réglés d'après cette distinction fondamentale.

Le territoire de l'Algérie est divisé en *territoire civil* et *territoire militaire*.

Le *territoire civil* englobe tout le pays soumis, où peut fonctionner l'administration régulière, c'est-à-dire le Tell, où habitent précisément les sédentaires cultivateurs.

Le *territoire militaire* s'étend sur toutes les régions de parcours des nomades, qui ne constituent pas de centres fixes et ne pourraient pas, par conséquent, être administrées par des fonctionnaires sédentaires.

Dans les premiers temps de la conquête, toute l'Afrique a passé par le régime militaire; on ne pouvait procéder autrement. Mais à mesure que les indigènes se soumettaient, que le pays se pacifiait et que les colons européens arrivaient, les territoires militaires furent transformés en territoires civils, et l'administration régulière prit la place de l'administration militaire. Peu à peu, tout le Tell est devenu territoire civil; certaines portions des Hauts Plateaux, particulièrement dans les provinces d'Alger et de Constantine, ont pu passer sous le régime civil. Actuellement, l'administration militaire garde seulement sous son autorité les tribus nomades, souvent turbulentes et difficiles à atteindre et à surveiller.

Les territoires civils et militaires sont divisés en *communes*. Mais le régime communal, tel qu'il est pratiqué en France et en Europe, a dû subir des modifications dans son application en Algérie. Elles ont été basées sur la distinction à faire entre l'Européen et l'indigène.

Il a été constitué en Algérie trois sortes de communes : les *communes de plein exercice*, les *communes mixtes* et les *communes indigènes*.

**Les communes de plein exercice** fonctionnent comme en France, avec un *maire* et un *conseil municipal*. Ce sont les villes et les villages où les colons et habitants français sont en nombre suffisant pour s'administrer. Quelques délégués musulmans sont admis dans ces conseils. Des fractions de tribus sont réparties entre les communes de plein exercice pour augmenter leurs ressources.

Les **communes mixtes** ont été créées dans les parties de territoires civils et militaires, où les colons français ne sont pas assez nombreux pour former une municipalité. Les indigènes sont alors représentés dans l'assemblée communale, et la commune fonctionne sous les ordres d'un **administrateur** français, qui remplit la charge du maire avec des attributions plus étendues et sous une forme rappelant l'autorité militaire.

Les villages de colonisation nouvellement fondés sont dans cette catégorie. A mesure qu'ils se développent et que les colons français augmentent, ils sont transformés en communes de plein exercice.

Beaucoup de localités, aujourd'hui florissantes, n'existaient pas au moment de la conquête. Elles ont été créées par les colons eux-mêmes et portent des noms qui rappellent ceux de généraux français ou de villages de la métropole, et même de faits de guerre.

Les **communes indigènes** comprennent toutes les parties de l'Algérie où le colon européen est rare, où les tribus indigènes forment d'assez fortes agglomérations, sédentaires ou demi-nomades. Elles sont administrées d'après les coutumes locales, sous l'autorité d'un administrateur, qui est en général le commandant militaire du cercle auquel elles ressortissent.

**Les territoires militaires** sont divisés territorialement en *cercles* et *tribus*, et administrés par les officiers des *bureaux arabes*, sous l'autorité des généraux commandant les divisions et les subdivisions militaires.

Certaines parties de territoires militaires avoisinant le Tell, ou contenant des centres importants de garnison avec quelques éléments européens, sont constituées en communes mixtes ou indigènes.

**Gouvernement général.** — L'Algérie est administrée par un **gouverneur général civil**, qui exerce son autorité sur tous les territoires *civils et militaires*.

Tous les services civils et militaires de l'Algérie sont placés sous sa direction, à l'exception des services *non musulmans* de la justice, des cultes, de l'instruction publique, de la trésorerie qui restent rattachés aux ministères compétents en France. Toutefois le gouverneur général est consulté au sujet des mesures et décisions qui concernent ces services.

Le gouverneur général prépare le *budget*, spécial à l'Algérie, et vient en France devant le Parlement soutenir et défendre tous les ans les intérêts de la colonie.

Le gouverneur général est assisté :

1° d'un **secrétaire général**;

2° d'un **conseil supérieur du gouvernement;**

3° de **trois délégations financières.**

**Conseil supérieur du Gouvernement.** — Il comprend 60 membres :

1° *des membres de droit* : le gouverneur général, le secrétaire général; le premier président et le procureur général de la Cour d'appel, l'archevêque d'Alger, l'amiral commandant la marine d'Algérie, les 3 généraux de division, les 3 préfets, le commandant supérieur du génie, le recteur d'Académie, les 2 inspecteurs généraux des mines et ponts et chaussées, l'inspecteur général des finances, le conservateur des forêts, 3 conseillers rapporteurs et 3 conseillers rapporteurs adjoints chargés des enquêtes extérieures, qui ne siègent que par suppléance au Conseil supérieur.

2° 15 *membres des conseils généraux*, 5 par province;

3° 16 *membres des délégations financières*;

4° 3 *notables indigènes* désignés par le gouverneur;

5° 4 *fonctionnaires algériens*, choisis par le gouverneur pour leurs capacités.

Le conseil est réuni au moins une fois par an.

Une partie du conseil siège en permanence comme *conseil du Gouvernement*.

**Délégations financières.** — Les délégations financières représentent auprès du gouverneur général les différentes catégories de contribuables algériens. Il y a trois délégations :

1° les délégations des *colons* ruraux. Sont réputés colons : les concessionnaires ou propriétaires de biens ruraux, les chefs d'exploitation et les fermiers. — 24 membres élus par les colons, 8 par département;

2° les délégations des *contribuables autres que les colons*. 24 membres;

3° les délégations des *indigènes musulmans* — 21 membres, dont 9 des territoires civils (3 par département), 6 des territoires de commandement, 6 kabyles.

Les délégués sont élus pour 6 ans, renouvelables par moitié tous les 3 ans.

Chaque délégation est consultée annuellement sur les impôts et taxes qui la concerne, et sur tout ce qui se rattache aux finances.

**Administration départementale.** — A la tête de chaque *département* du territoire civil, est un **préfet**; à la tête de chaque arrondissement, un **sous-préfet**.

Les communes mixtes des territoires civils sont administrées par un corps spécial d'**administrateurs**.

Les préfets sont assistés d'un **conseil général** par département. Les membres du conseil général sont élus par les Français et naturalisés Français; les indigènes y sont représentés par des *assesseurs* nommés par le gouverneur général.

Il n'y a pas de conseil d'arrondissement.

Chaque département élit 1 *sénateur* et 2 *députés* qui représentent l'Algérie dans le Parlement français.

Les lois métropolitaines ne sont applicables aux Français et aux naturalisés français qu'après une promulgation spéciale.

L'administration indigène a été respectée dans ses formes et coutumes; elle est placée sous le contrôle et la surveillance des fonctionnaires français.

ÉCOLE ARABE (Collection Gastine.)

Les indigènes sont répartis par *douars* (réunion de tentes en cercle), les douars par *ferka* ou *karouba*, dirigée par un *cheikh*, la tribu est commandée par un *caïd*. Plusieurs tribus groupées sont commandées par un *caïd*, un *agha*, un *caïd des caïds*, un *bachaga*, un *khalifa*, mais ces titres sont plutôt honorifiques.

L'assemblée des principaux notables s'appelle le *djemaa*.

**Organisation judiciaire.** — Une **Cour d'appel** à Alger. 4 *Cours d'assises* à Oran, Alger, Bône et Constantine; 16 *tribunaux de première instance*, 4 *tribunaux de commerce* et 110 *justices de paix*.

Les **justices de paix** sont la base de l'organisation judiciaire en Algérie. Le territoire civil est divisé en *cantons judiciaires*, où le juge de paix a des attributions très étendues; il juge les contestations jusqu'à 500 francs, et peut condamner à 6 mois de prison; il doit tenir compte des statuts personnels des différentes populations européennes et indigènes.

En territoire militaire il y a aussi des juges de paix militaires (généralement les commandants supérieurs). Les administrateurs ont certains droits judiciaires pour réprimer des infractions chez les sujets indigènes.

La base de la justice indigène est la **mahakma**, tribunal présidé par le *cadi*, assisté d'*adels* (juges), d'*aouns* (huissiers) et d'*oukils* (avoués). Elle juge d'après les coutumes et les statuts personnels des tribus, qui varient avec l'interprétation du Coran. La mahakma fonctionne à certains jours sur des marchés désignés, mais ses droits judiciaires ont été très réduits. Les indigènes peuvent faire appel de ses sentences à un tribunal d'appel (*medjelès*).

MOSQUÉE DE TLEMCEN (Collection Gastine.)

**Instruction Publique.** — Les trois départements algériens constituent une **circonscription universitaire**, ayant à sa tête un *recteur d'Académie*, président du Conseil d'Université, en résidence à Alger, et assisté d'un conseil académique.

Chaque chef-lieu de département est le siège d'une inspection académique. L'*inspecteur d'Académie*, assisté d'un conseil départemental, a sous ses ordres des *inspecteurs primaires*, comme en France, et, de plus, des *inspecteurs des écoles indigènes*.

L'**enseignement supérieur** comprend : une *Ecole de Droit*, une *École de Médecine et de Pharmacie*, une *École supérieure des Sciences*, une *École supérieure des Lettres* et une *École des Beaux-Arts*. Le siège de ces écoles est à Alger. Dans trois chaires publiques (Alger, Oran et Constantine), sont enseignées les langues kabyles et arabes. De chaque chef-lieu académique dépend une *médersa* destinée à former des magistrats musulmans (*cadis, adels, aouns, khoudjas*), des employés du culte musulman (*mouderrès, imam*, etc.).

Les instituteurs indigènes sont formés au cours normal annexé à l'Ecole normale de la Bouzaréa.

L'**enseignement secondaire** compte en Algérie plusieurs établissements (lycées, collèges, etc.).

L'**enseignement primaire** compte **2** *écoles normales* d'instituteurs (Alger [Bouzaréa] et Constantine) et **2** *écoles normales* d'institutrices (Miliana et Oran).

L'**enseignement primaire supérieur** est donné aux écoles de Constantine et Sidi-bel-Abbès et dans quelques cours complémentaires.

L'enseignement primaire compte en Algérie plus de 1,300 *écoles*, avec environ 100,000 élèves. Le nombre d'élèves indigènes musulmans inscrits dans les écoles primaires est relativement faible. Mais de grands efforts ont été faits dans ces dernières années; des écoles spéciales destinées aux indigènes se sont fondées en Kabylie, dans les grandes villes et dans les grands centres arabes[1].

Des *cours d'adultes* ont été fondés dans les principaux centres.

L'enseignement agricole est l'objet de louables efforts de la part des instituteurs.

A signaler encore l'*école d'apprentissage d'Arts et Métiers* de Dellys, l'*école d'agriculture* de Rouiba, et le *laboratoire de chimie agricole* de Sidi-bel-Abbès.

Enfin l'**Alliance Française** subventionne en Algérie des *comités* qui ont organisé des *cours* fréquentés par un grand nombre d'indigènes.

**Cultes.** — Le gouvernement français reconnaît et subventionne **4** cultes en Algérie :

Le **culte catholique**, auquel sont rattachés la plupart des colons européens : **1** *archevêque* à Alger; **2** *évêques* à Oran et à Constantine :

Le **culte protestant** (église réformée et confession d'Augsbourg), (environ 7,500 membres).

Le **culte israélite**, qui a un Consistoire provincial dans chaque département.

Le **culte musulman**, partagé en **3** rites : (*malékite, hanefite* et *ibadite*) qui reçoivent près de 300,000 francs de l'État pour l'entretien de leurs mosquées et le traitement des *muphti* et des *imam*.

**Assistance et institutions de prévoyance.** — L'Algérie a de nombreux hôpitaux et **4** stations thermales hospitalières. Il a été créé **5** hôpitaux indigènes, qui ont très bien réussi, aux Beni-Menguellet (Djurdjura), à Aris (Aurès), à Biskra, à El-Abiod-Sidi-Cheikh, à Ghardaïa.

1. Les cours d'apprentissage sont des ateliers annexés à de grandes écoles dans des centres importants et en Kabylie. Il y a, pour les nomades, des écoles nomades installées sous la tente et qui se déplacent en même temps que la tribu.

**Colonisation.** — La colonisation repose : 1° sur l'immigration; 2° sur une répartition équitable et judicieuse des terres à exploiter.

L'immigration en Algérie a été favorisée par le voisinage de la France et de l'Europe (voir Population page 8), et aussi par la douceur du climat et la fertilité du sol.

Les immigrants français et étrangers ont trouvé à la fois des terres disponibles et l'appui du gouvernement.

Le gouvernement a fait de la **colonisation officielle** par la création de *centres de colonisation*, par la construction des *bâtiments d'intérêt public* (*mairie*, *église*, *écoles*, etc.), par le lotissement des terres en *concessions* gratuites d'étendue variable, par l'*expropriation* des propriétés indigènes dont la culture était abandonnée ou négligée, par la confiscation de celles dont les propriétaires étaient révoltés ou en fuite.

Au moment de la conquête, le sol algérien appartenait : — partie aux Turcs (*territoires du beylik*, possessions directes du gouvernement, cultivées moyennant fermage (*hokor*) par des tribus qui, sans droit véritable, étaient en réalité les vrais propriétaires; *territoires makhzen*, colonies militaires sans fixité); — partie aux indigènes berbères et arabes (*territoires melk*, propriétés régulières et définies d'un individu ou d'une famille, c'était l'exception; *territoires arch*, propriétés collectives de tribus; *territoires habous*, biens de mosquée et de confréries religieuses). La législation foncière reposait sur le Coran et était complexe et variable.

Actuellement le sol algérien est divisé en *territoires de colonisation européenne*, soumis aux lois françaises, où la propriété européenne et indigène est individuelle, et en *territoires indigènes*, régis encore par la loi musulmane.

Les territoires de colonisation européenne, qui atteignent près de 1,800,000 hectares, comprennent les *concessions* faites par le gouvernement aux colons et les *propriétés privées*. On compte encore 900,000 hectares de terres domaniales à concéder ou à acheter.

1,300,000 hectares de propriété indigène sont soumis à la loi française.

Les terres de loi musulmane comptent dans le Tell près de dix millions d'hectares.

**Organisation militaire.** — L'armée d'Afrique comprend : le **19e corps d'armée** et la **division d'occupation de Tunisie**. Elle se compose :

1° de *corps spéciaux* formés dans le pays : régiments de *zouaves*, régiments étrangers (*légion étrangère*), bataillons d'*infanterie légère d'Afrique*, régiments de *tirailleurs algériens* (*turcos*), régiments de *chasseurs d'Afrique*, régiments de *spahis*;

2° de troupes détachées en permanence de la métropole : batteries d'artillerie, bataillon du génie, escadron du train, remontes, services;

3° éventuellement de bataillons d'infanterie de ligne détachés temporairement.

On compte en outre des compagnies de discipline et des pénitenciers militaires, etc.

**L'armée territoriale** d'Algérie comprend des bataillons de zouaves territoriaux, des escadrons de chasseurs d'Afrique et des batteries d'artillerie à pied.

Une *légion de gendarmerie*, comprenant 150 brigades à cheval, 51 à pied, groupées en compagnies, assure la police dans le Tell. Elle compte dans le rang 138 gendarmes indigènes.

Chaque département forme une division.

**La division d'Oran** comprend 4 subdivisions : *Oran*, *Tlemcen*, *Mascara* et *Aïn-Sefra*;

La **division d'Alger**, 3 subdivisions : *Alger*, *Médéa*, *Laghouât*.

La **division de Constantine**, 3 subdivisions : *Constantine*, *Sétif* et *Batna*.

Les Français et naturalisés français, Israélites naturalisés, et les étrangers nés dans la Colonie ne doivent qu'un an de service à condition de séjourner 10 ans en Algérie.

Les musulmans ne sont pas astreints au service obligatoire. Les corps de turcos et de spahis se recrutent par engagements volontaires avec primes en argent.

Mais les cavaliers et les fantassins des tribus sont astreints à se constituer en *goums*, qui sont appelés à marcher en cas de besoin sous les ordres des officiers des bureaux arabes et des commandants supérieurs de cercles.

Dans le Tell, des gardes indigènes (*khiéla*, *deïra*, etc., suivant les localités) sont constitués auprès des administrateurs, et assurent la police concurremment avec la gendarmerie.

Dans le sud saharien on a formé des compagnies de *tirailleurs* et *spahis sahariens* ou *méharistes* (montés sur méhari).

**La défense des côtes est assurée par des torpilleurs.**

L'inscription maritime comprend trois quartiers : Alger, Oran, Bône.

ZAOUIA DE SIDI-MANSOUR (Collection Gastine)

**Budget.** — En 1899, le budget des dépenses de l'Algérie, voté par les Chambres françaises, s'élevait à plus de 73 millions. Les recettes de l'Algérie ont atteint 54,150,000 fr. La France donne donc encore à l'Algérie près de 19 millions. Mais cette différence diminue chaque année, et il est à prévoir que bientôt l'Algérie se suffira à elle-même.

Il ne faut pas oublier que le commerce algérien se chiffre par près de 550,000,000 de francs (265 millions d'importation, 276 millions d'exportation) dont 450 millions avec la France.

Les recettes algériennes proviennent : 1° des *impôts* (contribution foncière, patente, taxe militaire, etc.) ; impôts *arabes* (*achour*, dixième de la récolte; *zekkat*, taxe sur le bétail; *lezma*, capitation kabyle et impôt des palmeraies; *eussa*, impôt saharien; *hokor* (taxe foncière des beyliks, etc.) ; 2° des produits domaniaux; 3° des perceptions diverses, enregistrement, douanes, postes, télégraphes, tabacs, etc.; 4° de l'octroi de mer, mais la plus grande partie de ce dernier impôt est affectée aux dépenses communales.

## NOTIONS STATISTIQUES ET ÉCONOMIQUES

**Climat.** — L'Algérie, comme toute l'Afrique septentrionale, fait partie des *pays chauds méditerranéens*, intermédiaires entre la zone tempérée et la zone tropicale.

La température moyenne de l'année est de 17° ; mais il faut distinguer en Berbérie des zones climatériques identiques aux zones du sol : Tell, Hauts Plateaux, Sahara.

Le climat du Tell est *méditerranéen*, sans variations très brusques ni grands écarts. La brise de mer rafraîchit les parties voisines du littoral, les montagnes arrêtent en *partie* les souffles brûlants du vent du désert (sirocco). Il gèle quelquefois, mais légèrement, dans les régions élevées.

Il y a deux saisons : la *saison chaude*, de juin en septembre, la *saison tempérée*, d'octobre à mai, séparées par de courtes périodes de transition [1].

Les pluies tombent surtout d'octobre à mars, et les grandes sécheresses ont lieu d'avril à septembre.

Les vents du nord-ouest dominent pendant la saison tempérée, les vents d'est pendant la saison chaude.

Les Européens s'acclimatent parfaitement dans le Tell, avec quelques précautions hygiéniques : porter des vêtements de laine, éviter l'excès des boissons, etc.

Sur les Hauts Plateaux, le climat est *continental*, par suite *excessif*, avec de grands écarts et des variations très brusques. L'hiver, il neige et il gèle, et la température descend parfois au-dessous de 0° [2]. L'été, la chaleur monte au delà de 40°. Les nuits sont souvent très fraîches (parfois 0°) et les journées très chaudes (24° à midi, en hiver).

Ces écarts sont surtout marqués dans les Hauts Plateaux oranais et dans quelques parties élevées de la province de Constantine. Les Hauts Plateaux de Constantine ont un climat intermédiaire entre celui du Tell et des Hauts Plateaux.

Il pleut très peu, mais les averses sont souvent torrentielles, et les oueds desséchés se gonflent rapidement et deviennent en quelques minutes des cours d'eau effrayants. Puis l'eau passe et le lit est aussi sec que quelques heures auparavant.

Le climat des Hauts Plateaux est néanmoins salubre, à cause de la sécheresse de l'air ; mais les Européens ne doivent pas y séjourner plus de deux ou trois ans.

Le climat *saharien* est très chaud et très sec. La température moyenne est de 22°. Les variations de la nuit au jour ont des écarts de 0° à 45°. Les maxima dépassent 50°.

La caractéristique du climat saharien est la fréquence et la force des vents secs et chauds (*guebli, simoun*, vents du sud-est ; *sirocco*, vent du sud). Les vents entraînent les sables en poussière ténue et aveuglante, déplacent les dunes et rendent périlleuse la marche des caravanes.

La pluie est très rare. En beaucoup de points, il ne pleut pas pendant plusieurs années. Aussi les oueds sont desséchés la végétation très maigre, en dehors des oasis.

### Productions agricoles du Tell.

La fertilité du sol de l'Algérie est en rapport avec le climat et la nature des trois zones : Tell, Hauts Plateaux, Sahara.

Le *Tell constitue la région cultivable*. Les productions et les cultures sont à peu près celles de la région méditerranéenne (midi de la France, Espagne, Italie, Sicile, etc.).

Mais, pour produire, le sol a besoin d'être préservé contre la sécheresse par un arrosage artificiel, suppléant à la rareté des pluies. Aussi, de tous temps, les cultivateurs algériens ont aménagé les eaux des rivières, soit en les retenant dans les hautes vallées derrière de forts *barrages*, soit en les ramenant à la surface du sol par des machines élévatoires (*noriahs*), et en les conduisant par des *aqueducs* dans les champs cultivés.

Les colons français ont repris les travaux des Romains et des Berbères, que l'incurie des Arabes et des Turcs avait négligé d'entretenir, et le Tell algérien et tunisien redevient aussi prospère et aussi fécond qu'à l'époque où on l'appelait le *grenier de Rome*.

La culture européenne a pris un développement très remarquable et s'étend sur les anciens terrains de parcours indigènes.

Sur 3 millions d'hectares cultivés dans le Tell, 200,000 colons européens exploitent environ 650,000 hectares.

Le reste des terres, environ 2,300,000 hectares, est cultivé par les indigènes. Mais jusqu'ici leur travail était arriéré. Aussi, sur un espace cinq fois plus grand [1], ils ne récoltaient qu'une quantité à peine triple de céréales.

Cependant des indigènes comprennent la nécessité et le profit des cultures perfectionnées, et de notables améliorations se sont produites dans le rendement agricole.

Les soins du gouvernement algérien tendent à exciter le travail indigène à la prévoyance et à l'épargne, et à lui donner le moyen de lutter contre les sécheresses et les famines qui ont trop souvent jusqu'ici désolé le pays [2].

Sur un total de près de 4 millions d'indigènes algériens, on compte 3,400,000 cultivateurs, possesseurs du sol ou travailleurs salariés. Il y a donc là une force agricole considérable.

**Agriculture.** — Les deux grandes cultures de l'Algérie sont les **céréales** et la **vigne**.

L'*orge* est la céréale prédominante de la culture indigène. Elle convient au climat, parce qu'elle craint moins la sécheresse et mûrit plus vite que le blé. L'orge est l'aliment ordinaire de l'indigène et de son cheval.

Le *blé* vient après l'orge. Les indigènes cultivent le *blé dur*, qui convient aussi au climat algérien et avec lequel on fait le plat arabe si connu, le *kouskous*.

Le *blé tendre* est surtout cultivé par les colons européens.

On cultive aussi en Algérie du *maïs*, du *sorgho* (*bechna*), de la *pomme de terre* et de l'*avoine*.

La culture de la **vigne** a été développée en Algérie par les colons français. L'indigène ne boit pas de vin ; la vigne était donc assez rare avant la conquête, sauf en Kabylie.

La réussite de la vigne a dépassé les espérances du début.

Le climat lui convient : peu de gelée, peu de coulure. Elle craint surtout l'excès de chaleur et les coups de sirocco qui brûlent la grappe. Elle est cultivée principalement dans les vallées sablonneuses et calcaires jusqu'à 900 mètres de hauteur.

Le vin est corsé et agréable, avec un goût de terroir assez prononcé, qui disparaît quand on traite la vendange avec un outillage sérieux et les soins indispensables. Mais il arrive souvent que les producteurs algériens vendent leurs vins en cuves, ou même sur pied, afin d'éviter les difficultés de la fermentation par la grande chaleur. Le travail du vinage s'opère en France.

Les vins servent aux coupages des grands négociants français. Ils ont comblé un moment les vides produits par le phylloxera dans les vignobles français. Leur valeur s'accroît, grâce à la persévérance et aux soins des colons, et la qualité commence à être en rapport avec la quantité [3].

La vigne est une plante importée, l'**olivier** est l'arbre de l'Algérie, comme de tout le Midi méditerranéen. Il y a existé de tout temps, et certains arbres datent peut-être des Carthaginois et des Romains, car l'olivier est un arbre qui vit très vieux, et sur son tronc se greffent de nouvelles branches.

Il y a en Algérie, notamment en Kabylie, de véritables forêts d'oliviers. C'est une des richesses de la population indigène qui en consomme une grande quantité ; un pied donne de 50 à 60 kilogrammes de fruits.

La production d'huile algérienne est très importante et se développe chez les colons.

Beaucoup d'arbres fruitiers des pays tempérés et de la zone tropicale trouvent en Algérie un sol favorable :

L'*oranger*, le *citronnier*, le *limonier*, le *cédratier* alternent

---

1. Alger : minimum en hiver 12°, maximum 25° ; plaine du Chéliff : minimum 18°, maximum 41°.

2. Les colonnes françaises ont été surprises souvent par des tourmentes de neige.

1. Les Européens cultivent en céréales 450,000 hectares, les indigènes 2,200,000.

2. Il s'est formé des *sociétés indigènes de prévoyance de secours et de prêts mutuels*, qui forment précisément des réserves de grains. L'agriculture algérienne est obligée de lutter contre un autre fléau, souvent plus dévastateur que la sécheresse. Les sauterelles, venues du désert par nuées, ravagent les récoltes. Il a fallu organiser contre elles une défense très sérieuse et la réglementer par des décrets.

3. Les principaux centres vinicoles sont : la côte d'Oran, Mascara, Hennaya, Remchi, Saïda, le Sahel d'Alger, la plaine des Aribs, la Mitidja, Blida, la Chiffa, Médéa, Philippeville, Bône, Guelma.

avec le *palmier*, le *figuier*, le *bananier*, comme avec le *pommier*, le *poirier*, le *cerisier*, le *pêcher*, etc.

L'Algérie exporte en France de grandes quantités d'*oranges* et de *mandarines*.

Les indigènes, comme les Européens, cultivent beaucoup de légumes : *fèves*, *pois*, *pommes de terre*, *asperges*, *melons*, *pastèques*, etc. Mais les colons européens font surtout l'exportation des *primeurs* sur les marchés de France et d'Angleterre. Dès le mois de janvier, ils envoient de grandes quantités d'asperges, de tomates, de melons, de raisins, etc.

Le *tabac* est d'excellente qualité, la culture en est libre.

Le *coton*, essayé pendant quelques années, a été abandonné à tort. On pourrait en tirer de bons résultats.

D'autres cultures sont à signaler : *luzerne*, *lin*, *ramie*, etc.

**Forêts.** — On compte en Algérie plus de trois millions d'hectares de forêts, dont 2 millions au moins dans le Tell. Elles sont composées de chênes-verts, chênes-liège, chênes-zéen, pins d'Alep, cèdres, pins et thuyas, dont les masses alternent avec de grandes étendues de broussailles (jujubiers, lentisques, arbousiers, palmiers-nains, etc.).

Elles sont exploitées et fournissent des bois de construction, de chauffage, du liège, du charbon, etc.

Les indigènes y allument souvent des incendies qui les ravagent.

### Productions des Hauts Plateaux et du Sahara.

L'ensemble des Hauts Plateaux est impropre à la culture. Pourtant quelques parties ont été fertilisées par le forage des puits artésiens (plaine du Hodna), et la culture y apparaît à mesure qu'on avance vers l'est.

La plus grande partie des Hauts Plateaux est couverte de broussailles et de pâturages maigres, mais étendus.

Il y pousse une plante spéciale, l'**alfa**, plante sèche, qui peut se passer d'eau. C'est la seule richesse des Hauts Plateaux; elle sert de nourriture aux chevaux et aux chameaux, et l'industrie en tire du *papier*, de la *sparterie* et des *toiles*.

L'alfa pousse naturellement sur une superficie qui dépasse 1,300,000 hectares.

On trouve également sur les Hauts Plateaux du *guetaf*, du *diss* et du *palmier-nain*.

L'arbre du Sahara est le **palmier-dattier**, qui ne vient que dans les oasis. C'est la providence du désert.

Il fournit des dattes qui nourrissent les nomades, des bois qui servent aux constructions, des fibres avec lesquelles on fait des nattes, et de l'eau de palmier.

Le palmier-dattier pousse partout où son pied peut tremper dans un peu d'eau : *Les pieds dans l'eau, la tête dans le feu*, disent les Arabes. Sous son ombrage rafraîchissant poussent quelques légumes, un peu d'orge, de maïs, etc.

Le forage de puits artésiens, l'irrigation de certains bassins ont permis à des sociétés coloniales de créer de grandes oasis de palmiers dans l'Oued-Righ, à Tougourt et à Ouargla.

### L'élevage.

**Animaux domestiques.** — De nombreux animaux sauvages (lions, léopards ou panthères, hyènes, etc.) existaient en Algérie au moment de la conquête. Les progrès de la colonisation, des chasses régulières, l'exploitation du sol les ont fait reculer vers le désert ou disparaître. L'autruche elle-même est devenue rare même dans l'Extrême-Sud.

L'élevage s'est développé à mesure que la bête fauve, destructeur du bétail, était exterminée.

L'animal caractéristique de l'Algérie, comme de tous les pays méditerranéens, est le **mouton**. Il est partout, dans le Tell, sur les Hauts Plateaux et dans le Sahara. Mais les grands troupeaux sont avec les nomades, qui les promènent alternativement du sud au nord dans les vastes espaces des Hauts Plateaux et du Sahara, les amenant pour la vente de la chair et de la laine sur les marchés du Tell.

Les *chèvres* sont fortement mélangées aux moutons.

Les colons européens achètent les moutons et les engraissent pour les expédier.

Le *bœuf* est petit, la *vache* est médiocre laitière, sauf les races de Guelma.

On fait de l'élevage de *porcs* dans le Tell oranais.

Le **cheval arabe** *(barbe ou berbère)* a eu jadis une grande réputation; la remonte et les éleveurs français cherchent à lui rendre son éclat ancien; des races superbes existent encore à Aumale et à Tiaret.

Son acclimatation en France est malheureusement assez difficile, il faut le croiser avec d'autres chevaux (tarbais, etc.).

CHAMEAUX ET CHAMELIERS (Collection Gastine.)

L'animal du désert est le **chameau** ou dromadaire, bête de somme incomparable, sobre et résistante.

Les Touareg dressent des chameaux de course, *mehara*, avec lesquels ils accomplissent rapidement des trajets énormes.

De nombreux mulets et ânes servent aux indigènes, surtout en Kabylie; leur emploi est apprécié par les colons et l'autorité militaire.

**Chasse et pêche.** — Dans le Tell on trouve tous les gibiers sédentaires et passagers des pays tempérés: sangliers, lièvres, lapins, perdrix, cailles, oiseaux, etc.

La hyène et le chacal, avec quelques panthères et renards, sont les seuls animaux nuisibles.

Sur les Hauts Plateaux, les lièvres pullulent dans l'alfa, et on y chasse quelques espèces particulières d'oiseaux (outardes, grives, gangâas, perdrix rouges, etc.). On rencontre des troupeaux de gazelles sur les Hauts Plateaux et dans toute la région saharienne.

La pêche est très active et productive sur la côte de l'Algérie (sardines, maquereau, thon, anchois, langouste, etc.).

On trouve encore des bancs de coraux aux environs de La Calle, mais leur richesse a diminué.

### Productions minérales.

**Mines.** — La plus grande partie du sol algérien est formé de grès et d'argiles, avec des bancs calcaires à la surface. Les terrains houillers manquent complètement en Algérie [1].

Le sous-sol a cependant des richesses minérales assez considérables. Au premier rang sont les mines de *fer* (Bône, Aïn-Mokra, Beni-Saf, etc.).

Le *cuivre* se rencontre sur un grand nombre de points.

On exporte du *plomb argentifère* à Gar-Rouban, sur la frontière du Maroc, à Kef-oum-Teboul, près de La Calle.

On trouve également du *zinc*, du *manganèse*, de l'*antimoine*, du *mercure*.

Près de Tougourt sont de grands gisements de *salpêtre* et

1. Cependant on y a découvert quelques lignites et les officiers ont rapporté des dernières expéditions du Sud quelques fossiles caractéristiques de terrains houillers.

la région de Tébessa est devenue célèbre par ses couches de **phosphates** d'une richesse incomparable[1].

Le **sel** est exploité dans tous les lacs et chotts (salines d'Arzeu, sebkha d'Oran, etc.). On trouve également des mines de sel gemme. Le Sahara produit beaucoup de sel. Des carrières de marbre ont été ouvertes un peu partout.

Des gisements de **pétrole** ont été reconnus dans certaines régions de la province d'Oran (**Tilhouanet**, près Relizane, *Aïn Zeft, le Kef* (Renault).

Les *mines* algériennes avaient été exploitées par les Romains, puis elles furent abandonnées par les Arabes. L'industrie française les a fait revivre, ainsi que l'emploi des *eaux minérales* et *thermales*, qui sont assez nombreuses en Algérie (*Hammam-Meskoutine, Hammam-Rhira, Bains de la Reine, Hammam-bou-Hadjar*, etc.).

**Industrie.** — L'Algérie est avant tout un pays d'agriculture et d'élevage. L'industrie n'y existe pour ainsi dire point ; la cause principale en est dans l'absence des mines de houille. Les matières premières indiquées plus haut sont traitées industriellement en Europe.

Cependant, quand l'eau a pu fournir une force motrice suffisante, des usines se sont élevées pour la fabrication du papier, la préparation des peaux, l'extraction de l'huile des olives, le traitement du liège, etc. D'importantes minoteries et distilleries, des usines pour la fabrication des produits chimiques destinés à protéger la vigne des maladies parasitaires, des tuileries et des briquetteries ont été créées dans le Tell.

LE PALAIS D'ÉTÉ, A ALGER MUSTAPHA.

L'industrie indigène est intéressante, mais mal outillée. Quelques tuileries et briqueteries servent aux constructions ; de nombreux ouvriers sont employés à la fabrication des *tuyaux de drainage* utilisés pour les innombrables canalisations qui assurent la distribution des eaux. Les villages, kabyles principalement, s'adonnent à cette industrie.

C'est en Kabylie également que travaillent les nombreux métiers à bras qui tissent les étoffes de soie et de coton employées par les femmes (haïks), la laine et le poil de chameau dont sont faits les burnous. Des sortes de corporations conservent jalousement les traditions de la broderie arabe en soie et en fil métallique sur tissus et cuir.

Dans le Sud, la fabrication des tapis est des plus actives. Les villages du M'zab, Ouargla, Ghardaïa, fournissent des produits très artistiques autrefois, mais qui perdent de leur qualité pour satisfaire à bon marché la clientèle des bazars européens.

Une sage décision du gouvernement général a encouragé l'établissement d'*écoles professionnelles* pour la fabrication des tapis arabes. Cette mesure répond à la double nécessité de conserver dans leur pureté les traditions de l'art arabe et d'offrir à l'activité des femmes indigènes un métier rémunérateur.

**Commerce.** — Le mouvement du commerce général de l'Algérie avec la métropole et les puissances étrangères s'est élevé en 1898 à 588 millions de francs dont 458 millions avec la métropole et 130 millions avec l'étranger. En dix ans, il a augmenté d'un tiers (de 400 à 588 millions)[2].

1. Les phosphates constituent des engrais merveilleux, ils rendent la fécondité à un sol épuisé. Ils abondent dans tous les contreforts de l'Ouarsenis bordant au sud la plaine du Chéliff. Toutes les grottes sont remplies de guano provenant des chauves-souris.

2. Il n'est pas fait mention du commerce qui provient des caravanes sahariennes, et qui est assez difficile à évaluer, mais ne dépasse pas quatre à cinq millions.

Le chiffre des importations s'élève à plus de 300 millions dont les trois quarts en marchandises de provenance française.

Le chiffre des exportations atteint à peu près les mêmes chiffres, dont l'importance prouve la valeur et l'avenir de l'Algérie.

**Communications.** — I. *Avec la France :* L'Algérie est réunie à la France par les paquebots de plusieurs compagnies de navigation :

1° La **Compagnie générale transatlantique**, chargée du service postal, a un service direct de Marseille à Alger 4 fois par semaine, des services de Port-Vendres et Marseille à Alger et Oran et des correspondances fréquentes pour les escales du littoral (Bougie, Philippeville, Tunis, etc.);

2° La **Compagnie de Navigation mixte** (**Touache**) fait le service de Marseille à Alger, de Marseille et de Cette à Oran, de Marseille à Philippeville et Bône, d'Alger à Port-Vendres et des correspondances pour les escales;

3° Les **Compagnies des Messageries maritimes**, la **Compagnie havraise péninsulaire**, la **Société générale des transports à vapeur** desservent Alger et les principales escales.

La durée du trajet entre la France et l'Algérie varie de 23 heures (rapide Alger-Marseille) à 30 heures.

II. *A l'intérieur :* 1° L'Algérie possède actuellement plus de 30,000 kilomètres de routes, chemins vicinaux et chemins d'intérêt commun, dont 3,000 kilomètres de routes nationales. Leur entretien s'améliore chaque année.

Sur les Hauts Plateaux et dans le Sahara, il n'y a que les pistes des caravanes marquées par les puits et les points d'eau, mais quelques-unes ont été améliorées pour les transports militaires;

2° Le réseau ferré s'est rapidement développé; en 1898 on comptait plus de 3,000 kilomètres en exploitation.

**L'État** possède une ligne : *Oran à Arzeu* (45 kil.).

La **Compagnie Paris-Lyon-Méditerranée** possède 2 lignes : *Alger à Oran* (421 kil.); *Philippeville à Constantine* (87 kil.).

La **Compagnie de l'Est-algérien** possède 5 lignes : *Alger à Constantine* (464 kil.); *Ménerville à Tizi-Ouzou* (53 kil.); *Constantine à Batna* et *Biskra* (202 kil.); *Bougie à Beni-Mansour* (89 kil.); *Oulad Rahmoun à Aïn Beïda* (93 kil.).

La **Compagnie Bône-Guelma** possède 2 lignes : *Bône à Guelma* et au *Kroub* (203 kil.); de *Duvivier à Sidi el Hemessi* (*Ghardimaou*) (110 kil.); *Souk-Arras à Tébessa* (128 kil.).

La **Compagnie de l'Ouest-algérien** possède 4 lignes : du *Tlelat à Ras-el-Mâ* (152 kil.); d'*Oran à Aïn Temouchent* (70 kil.); de *Tabia à Tlemcen* (63 kil.); de *Blida à Berrouaghia* (84 kil.); d'*Arzeu aux Salines* (20 kil.).

La **Compagnie Franco-Algérienne** possède 3 lignes à voie étroite : de *Arzeu à Aïn-Sefra* (454 kil.) poussée depuis à Duveyrier; de *Tizi à Mascara* (12 kil.); de *Mostaganem à Tiaret* (197 kil.)[1].

La **Compagnie d'Aïn-Mokra** possède une ligne de *Bône à Aïn Mokra* (33 kil.).

Enfin il existe 4 petites lignes à voie étroite : d'*El-Affroun à Marengo* (20 kil.); d'*Alger à Rovigo* (30 kil.) et à l'Arba; de *Dellys au camp du Maréchal* (33 kil.); de *Maison Carrée à l'Arba* (19 kil.).

De nouvelles lignes sont à l'étude.

**Postes et Télégraphes.** — La France est reliée à l'Algérie par 6 *câbles* partant de Marseille; 3 atterrissent à Alger, 1 à Oran, 2 à Bône.

Dans le Sud, l'armée a organisé pour son service des *postes de télégraphie optique*.

1. L'État vient d'acquérir et exploite provisoirement lui-même cette dernière ligne.

## LA PROVINCE D'ORAN

**Limites.** — La **province d'Oran** est limitée : à l'ouest par le Maroc, à l'est par la province d'Alger.

Comme il a été dit plus haut (p. 4), la frontière avec le Maroc a été mal déterminée par le traité de 1845. Elle laisse *Oudjda* au Maroc, et n'est plus tracée sur les Hauts Plateaux. On a admis jusqu'ici qu'elle traversait le *chott El-Gharbi*, qu'elle laissait *Aïn-Sfissifa* à l'Algérie, *Figuig* au Maroc, et qu'elle se perdait ensuite dans le Sahara.

Mais l'occupation récente des oasis du *Touat* et d'*In-Salah*, la construction du chemin de fer d'*Aïn-Sefra* à *Duveyrier*, à 20 kilomètres de Figuig, ont appris aux tribus indigènes et au Maroc que la France n'admet plus ces limites et revendique tous les territoires auxquels elle a droit.

A l'est, la province d'Oran est séparée de la province d'Alger par une ligne conventionnelle.

**Aspect d'ensemble.** — La province d'Oran est comprise entre le 36° et le 32° de latitude.

Oran est à un degré plus au sud qu'Alger.

Elle présente nettement les trois zones caractéristiques de la Berbérie : Tell, Hauts Plateaux, Chaînes sahariennes.

Les Hauts Plateaux s'y étalent sur 150 kilomètres de largeur, et la largeur moyenne de la province, d'*Oran* à *Duveyrier*, est de 375 kilomètres environ.

La province d'Oran a donc un aspect très particulier. Tous les étages des montagnes du Tell et des chaînes sahariennes y sont très bien marqués, et supportent la terrasse des Hauts Plateaux. Mais, quoique très accidenté, le sol oranais n'est pas réellement montagneux. On y circule facilement. Dans le Tell, les rides affectent plutôt la forme de chaînes de collines élevées, séparées par des plaines peu inclinées et larges. Le relief ne se relève, en devenant plus âpre, que dans les chaînes sahariennes.

L'aspect de la province d'Oran est assez monotone. Les forêts sont moins épaisses et moins touffues que dans les autres provinces. En revanche les cultures européennes, entre autres la vigne, y ont trouvé des terrains excellents.

### Le Tell oranais.

La côte est rocheuse. Le premier étage, ou bourrelet, des hauteurs du Tell commence à la côte même.

Les **monts des Traras** se prolongent par le *Ghamera*, avec la forêt de *Msila*, et se terminent au-dessus d'Oran par le promontoire du *cap Falcon*. Ils ont un relief assez élevé, rendu imposant souvent par le voisinage de la mer. Le point culminant est le *Djebel Filhaucen* (1,157 mètres).

Les embouchures de la *Tafna*, de l'*oued Hallouf*, de l'*oued Melah* y déterminent d'étroites échancrures. Les rides parallèles font saillie sur la mer par les *caps Figalo* et *Sigale*.

La **baie d'Oran** est dominée par de hautes falaises. La *montagne des Lions*, avec le promontoire des *caps Ferrat* et *Carbon*, sépare la baie d'Oran de la baie d'Arzeu.

Comme la baie d'Oran, la **baie d'Arzeu** est un demi-cercle de falaises et de hauteurs, interrompu en son centre par l'embouchure sablonneuse de *la Macta*. Mostaganem est sur la falaise.

Le **Cheliff** ouvre son embouchure entre de hautes collines, et à partir du cap *Ivi* commence le **Dahra**, abrupt et tourmenté.

Les plaines qui s'étendent derrière ce premier bourrelet de hauteurs depuis la Tafna jusqu'au Cheliff portent les noms de *plaine d'Aïn-Temouchent, sebkha d'Oran, plaines de la Mleta*, du *Sig*, de l'*Habra*, de *Sirat*, du *Cheliff*, etc. Elles sont entièrement cultivées.

Les eaux de la *Tafna*, de l'*Isser*, du *Sig*, de l'*Habra*, de la *Mina*, les arrosent, après avoir traversé le deuxième étage des montagnes du Tell, par des vallées encaissées. On a profité du peu de largeur de ces vallées pour y construire les barrages destinés à emmagasiner les eaux et à les déverser dans les plaines.

Le deuxième étage est marqué par les **monts du Tessala**, les **monts des Beni-Chougran** et une partie du **massif de l'Ouarsenis**.

Les **monts du Tessala**, formés de plateaux ondulés à pentes douces, sont fertiles et cultivés. Le cône du *djebel Tafaroui* domine la plaine au-dessus de Sainte-Barbe du Tlélat. La coupure du Sig sépare les monts du Tessala des monts des Beni-Chougran.

Les **monts des Beni-Chougran**, entre le Sig et la Mina, forment plusieurs arêtes parallèles. L'intérieur est profondément raviné et très dénudé; l'aspect en est triste et sauvage. Les pentes sont très raides [1].

Les points culminants sont le *Bou-Ziri* (697 mètres) et le *djebel Nador* (808 mètres). L'Habra les traverse et en recueille les eaux au barrage de Perrégaux.

Au sud du deuxième bourrelet (Tessala et Beni-Chougran), comme au sud du premier (Traras, monts du littoral), s'étendent également de belles plaines fertiles, arrosées par les mêmes rivières : *plaines de l'oued Isser*, de *Sidi-bel-Abbès*, de *Traria* et d'*Eghris*, qui pénètrent profondément le long des rivières dans le troisième étage.

Le troisième étage comprend : les **monts de Tlemcen**, les **monts de Daya** et les **monts de Saïda**, du nom des trois villes qui en marquent les points principaux.

Les **monts de Tlemcen** forment des rides escarpées et pittoresques entre la Tafna et l'Isser.

**Tlemcen** est adossée au pied de la ride septentrionale, contre les rochers à pic de *Lella Setti* (1,016 mètres), dans une situation des plus avantageuses.

Les **monts de Daya** et de **Saïda** forment des crêtes et des plateaux boisés et broussailleux progressivement défrichés.

La *crête de Daya* (1,392 mètres) domine les Hauts Plateaux. **Saïda** marque la principale porte d'entrée des Hauts Plateaux, aux sources de l'*oued Saïda*, branche de l'oued Habra.

Le Tell oranais, avec ses trois bourrelets et ses deux rangées de plaines intercalées, s'appuie à l'est au **massif de l'Ouarsenis**, dont une partie appartient à la province d'Oran. (V. pour sa description p. 4.)

La *Mina* sépare les monts de Saïda et des Beni-Chougran de l'Ouarsenis. Un des principaux cours d'eau de l'Ouarsenis, l'*oued Riou*, traverse le massif et se jette dans le Chéliff.

Les vallées de la Mina, de la Djidouïa et de l'oued Riou descendent à travers des régions montueuses et pittoresques, mais cependant fertiles où la culture se développe.

Cette division par étages, ou bourrelets, de hauteurs et plaines est la seule logique pour bien se rendre compte de la nature du Tell et de la colonisation qui s'y est développée.

Les rivières, très sinueuses, descendant des hauteurs dans les plaines par des biefs successifs, ne forment pas des bassins homogènes, dont on peut suivre l'influence sur la vie des habitants, les cultures et les relations. Tantôt abondantes, tantôt desséchées, suivant les saisons, les rivières sont barrées et saignées pour l'irrigation, et leurs noms mêmes changent fréquemment, suivant la coutume arabe, à chaque confluent.

### Les Hauts Plateaux et le Sahara oranais.

**Aspect d'ensemble.** — Dès qu'on a gravi les falaises et les hauteurs qui dominent Sebdou, Daya, Saïda, Frendah, Tiaret, on se trouve sur la terrasse des Hauts Plateaux.

Les Hauts Plateaux se déroulent en vastes plaines en partie couverte d'alfa. En s'avançant, on découvre des lignes blanches, ce sont des dunes, puis on aperçoit à l'horizon des sommets bleuâtres, ce sont des montagnes.

1. L'ancienne route de Mostaganem à Mascara est particulièrement dure. Les soldats avaient donné le nom de *Crève-Cœur* à la côte longue et pénible qu'il leur fallait gravir avant d'atteindre Mascara.

*Le coloris donne la distinction entre les* **communes de plein exercice** *(rose fort) et les* **communes mixtes** *(rose pâle).*

Les *dunes* bordent la grande cuvette des chotts. Les montagnes sont les *Chaînes sahariennes.*

La plaine des Hauts Plateaux est très mouvementée, ravinée par les eaux, creusée de dépressions où séjournent quelque temps les eaux des pluies, ondulée par de longs plis de terrain, derrière lesquels se cachent les tentes et les troupeaux.

En venant du Tell, la plaine s'incline en pente douce jusqu'aux Chotts, puis se relève après avoir traversé les Chotts jusqu'à des lignes de hauteurs assez élevées où commence le versant saharien.

Alors se présentent les plus hautes montagnes de la Berbérie, les Chaînes sahariennes, qui soutiennent au sud la terrasse des Hauts Plateaux, comme les montagnes du Tell les soutiennent au nord.

**Les Chotts.** — Les deux grands chotts, **El-Gharbi** (*de l'ouest*), **Ech-Chergui** (*de l'est*), marquent la dépression centrale des Plateaux oranais.

Couverts d'efflorescences salines, bordés de dunes, ils forment une région désolée et stérile. Les quelques rares puits, situés sur les bords, sont remplis d'eau saumâtre.

**Le chott El-Gharbi** est le plus sauvage et le plus pénible à traverser.

Le **chott Ech-Ghergui**, plus long et plus étroit (140 kilomètres de long sur 15 kilomètres de large), est partagé en deux parties par un isthme de sable, que traversent la route et le chemin de fer de Saïda à Mechéria et Aïn-Sefra. Autour du chott Ech-Chergui sont quelques pâturages, fréquentés par les petits nomades; on y trouve beaucoup de gazelles.

Le **Khreider** marque le point de passage et le poste de surveillance du chott Ech-Chergui.

A l'est du Khreider une autre route traverse le chott; elle va de Saïda à Géryville.

En résumé, toutes les communications du Tell oranais aux Hauts Plateaux et vers les postes sahariens traversent ou contournent le chott Ech-Chergui.

**Versant saharien.** — Le versant saharien des Hauts Plateaux commence sur les Hauts Plateaux mêmes.

Les grands oueds sahariens en descendent et traversent les Chaînes sahariennes.

Ainsi les *oueds El-Ahmar* et *Dermel*, venus de la région de Sfissifa, forment au sud de Figuig l'**oued Zousfana**;

les *oueds Sefra* et *Tiout* se réunissent pour former l'**oued Namous**;

l'*oued El-Gharbi* vient de la région Asla-Chellala;

**l'oued Seggueur** et **l'oued Zergoun** recueillent les eaux du massif de Géryville.

**Chaînes sahariennes.** — La chaîne saharienne oranaise comprend : les **monts des Ksour** et le **Djebel Amour.**

**Les monts des Ksour** s'étendent entre l'*oued Guir*, affluent marocain de l'oued Zousfana, et l'*oued Seggueur.*

On les appelle ainsi parce qu'il y a dans leurs vallées un certain nombre de villages (*Ksar*, pluriel *Ksour*), habités par des sédentaires, qui servent d'intermédiaires entre les nomades des Hauts Plateaux et du Sahara.

Les monts des Ksour forment deux alignements; celui du nord est plus élevé et plus épais que celui du sud.

Les principaux massifs sont autour de Figuig et d'Aïn-Sefra : le *djebel Grouz* et le *djebel Maïz*, très abrupts et atteignant près de 2,000 mètres, le *Beni Smir* (2.000 mètres), entre l'oued El-Ahmar et l'oued Dermel, le *djebel M'zi*, point culminant de la région (2,200 mètres), le *Mir-el-djebel*, le *Mekter*, etc. Ils projettent des contreforts jusque sur les Hauts Plateaux.

Ces massifs ont des reliefs puissants, mais tourmentés et d'aspect désolé. Pourtant on trouve dans les vallées intérieures des bois, des pâturages, des palmiers. Entre les deux rides principales, de petites plaines, *feidja*, se couvrent après les pluies de fleurs et d'herbes.

Les vallées, qui descendent des Hauts Plateaux, ouvrent les passages[1] par où passent les pistes et routes sahariennes.

A l'est de Tiout, les montagnes des Ksour s'affaissent. Elles ont toujours la forme de rides parallèles, mais ce sont des arêtes étroites et longues séparées par des couloirs souvent sablonneux, et qui se prolongent jusqu'au Djebel Amour.

Le **Djebel Amour**, ainsi appelé du nom de la tribu des Amour, est une haute région très accidentée, comprise entre *Géryville, Brezina*, le haut *Chéliff*, *Zénina* et *Laghouat.*

Les **hauteurs de Géryville** en forment l'avancée sur les Hauts Plateaux.

Le point culminant est le *Touila Makna* (1,900 mètres).

Le Djebel Amour est composé de plateaux (*gados*), en forme de tables avec des rebords à pics, séparés par de profonds ravins. Ces gadas ont des pâturages. Les vallées sont assez humides et herbeuses.

Le Djebel Amour donne naissance à trois grandes vallées : le *Chéliff* qui recueille les eaux de la région d'*Aflou* et descend vers le Tell; l'*oued Zergoun* et l'*oued Mzi*, rivières sahariennes.

## Résumé historique.

Après la prise d'Alger, le bey d'Oran, *Hassan*, fit sa soumission et se retira en Asie.

Une garnison française fut envoyée à Oran, mais elle ne tenait que la ville.

Les tribus oranaises étaient belliqueuses et disposées à la guerre sainte contre l'infidèle; mais elles manquaient de cohésion, elles étaient en lutte les unes contre les autres et eussent été incapables de s'entendre pour la résistance.

C'est alors qu'apparut un chef à la fois religieux et guerrier qui essaya d'unir toutes les tribus algériennes contre les Français. *Abd-el-Kader* était fils de Marabout, Marabout lui-même, *hadj*, c'est-à-dire ayant fait le pèlerinage de la Mecque. Il entraîna d'abord les tribus de la région de Mascara, dont il était originaire. Bientôt tout le Tell oranais fut en feu. Abd-el-Kader prit le titre d'émir, établit à Mascara le siège de son gouvernement, et obligea la France à traiter avec lui. Le gouvernement français hésitait alors à faire la conquête de l'Algérie; ce fut la crainte ou le danger de voir un empire arabe se former sous le prestige d'Abd-el-Kader, qui le décida à occuper définitivement l'Algérie.

La conquête de la province d'Oran dura douze ans, de 1835 jusqu'en 1847.

En 1835, une colonne expéditionnaire brûla Mascara, et débloqua Tlemcen, qu'Abd-el-Kader assiégeait, et qui fut défendu héroïquement par 700 Turcs ou Kouloughlis.

Le général *Bugeaud* battit Abd-el-Kader à la Sikkah (1836), et lui fit signer le **traité de la Tafna**, très avantageux pour Abd-el-Kader, mais qui ne fut qu'une trêve.

Dès que Constantine fut prise, le général *Bugeaud*, nommé gouverneur général (1841), résolut, de concert avec le gouvernement français, d'en finir avec Abd-el-Kader et d'occuper toute l'Algérie.

Devant l'énergie et la méthode du général Bugeaud, appuyées par de fortes colonnes, la fortune d'Abd-el-Kader s'éclipsa d'année en année.

En 1841, Boghar et Mascara furent occupés.

En 1842, toute la région entre Mostaganem, Oran, Mascara et Tlemcen était soumise. Les colonnes françaises traversèrent l'Ouarsenis et le Dahra.

En 1843, Abd-el-Kader fut chassé du Tell. Sa smala fut enlevée à *Taguin*. Il se réfugia au Maroc et décida l'empereur *Abd-er-Rhaman* à s'unir avec lui pour la guerre sainte.

Les Marocains furent battus par Bugeaud à la *bataille de l'Isly* (1844).

En 1847, Abd-el-Kader expulsé du Maroc, ne trouvant plus d'appui dans les tribus oranaises, se rendit au général Lamoricière. La province d'Oran était désormais soumise.

En 1864, les Oulad-Sidi-Cheikh se révoltèrent et entraînèrent

1. Le chemin de fer d'Aïn-Sefra à Duveyrier passe par El-Hadjej.

les tribus Flittas de l'Ouarsenis. Ces dernières furent rapidement réduites, mais les Oulad-Sidi-Cheikh restèrent hostiles et turbulents. Plusieurs expéditions furent dirigées contre eux dans le Sud oranais.

En 1870, une colonne s'avança jusqu'à Aïn-Chaïr et sur l'oued Guir.

En 1881-82, le marabout *Bou-Amama* souleva les tribus des Hauts Plateaux et du Sahara oranais. La répression fut assez longue, mais depuis lors, les Oulad-Sidi-Cheikh ont accepté la domination française, et l'occupation d'In-Salah et du Touat garantit désormais la pacification de ces régions.

## Population.

**Population européenne.** — La population européenne de la province d'Oran s'élevait en 1896 aux chiffres suivants :

97,260 *Français*;

113,299 *étrangers*, dont 105,538 *Espagnols*, 3,774 *Italiens*, 4,412 *Allemands*, *Alsaciens-Lorrains*, etc.

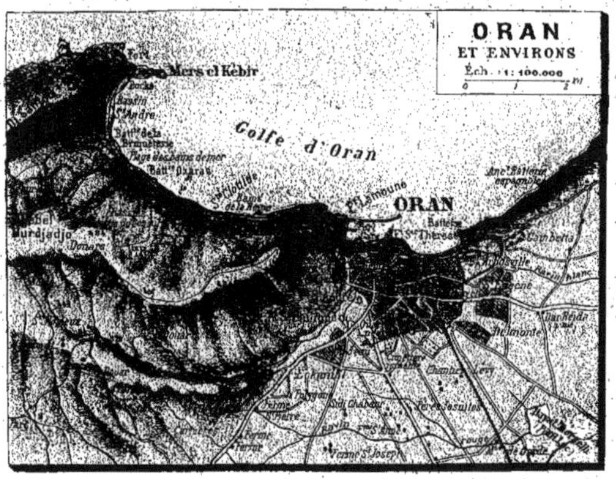

Ces chiffres ont varié depuis 1896 au bénéfice des Français.

Les Espagnols sont très nombreux dans la province d'Oran. L'Espagne est très voisine ; quelques heures suffisent pour venir de Carthagène, de Malaga, de Valence à Oran. Les cultivateurs et les ouvriers espagnols trouvent en Algérie bon accueil et une vie facile. Ils se livrent surtout à l'agriculture, et séjournent sans peine au milieu des tribus. Beaucoup sont employés aux travaux publics et aux exploitations d'alfa. Leur endurance et leur sobriété en font d'excellents auxiliaires de la colonisation. Ils trouvent d'ailleurs en Algérie un climat pareil à celui de l'Espagne. Ils reviennent en général en Espagne, soit tous les ans, soit après quelques années. Mais un assez grand nombre se font naturaliser, ou se fixent en gardant leur nationalité.

La province d'Oran est celle qui contient le plus d'Européens, plus de 200,000, dont la moitié environ de Français. La prospérité du Tell oranais s'accroît d'année en année. Tous les villages grandissent et se multiplient.

*Sebdou, Daya, Saïda, Tiaret*, anciens postes militaires à l'entrée des Plateaux, sont aujourd'hui des centres de colonisation florissants.

Un certain nombre d'Européens, des Espagnols surtout, ont pénétré sur les Hauts Plateaux, à la suite des colonnes. Sur les territoires de commandement de la province d'Oran, on compte plus de 3,000 Européens, dont 1,500 Espagnols.

**Population indigène.** — La population indigène oranaise comprend environ :

22,000 *Israélites indigènes* naturalisés;

75,000 *indigènes sujets français*, Arabes, Berbères, Maures, nègres, etc.;

12,000 *Marocains, Tunisiens* et autres.

Les tribus indigènes du Tell oranais sont généralement sédentaires et pratiquent l'agriculture. Elles participent à la prospérité générale de la province, sont restées tranquilles et fidèles depuis la soumission d'Abd-el-Kader. L'insurrection de 1864 ne dépassa pas l'Ouarsenis, et en 1881-82 celle du Sud oranais ne troubla pas le Tell.

## Divisions administratives et principales localités du Tell oranais.

La province, ou département, d'Oran a pour chef-lieu **Oran**, et est divisée en *cinq arrondissements de territoire civil* : **Oran, Mascara, Mostaganem, Sidi-bel-Abbès** et **Tlemcen**, et en *trois subdivisions de territoire militaire ou de commandement* : **Aïn-Sefra, Mascara, Tlemcen.**

Dans l'ensemble de la province, on compte : *territoire civil* : 82 communes de plein exercice, 18 communes mixtes; *territoire de commandement* : 3 communes mixtes, 2 communes indigènes.

**Territoire civil. — Arrondissement d'Oran.** — La population s'élève à 243,000 environ, dont moitié d'Européens (50,000 Français, 70,000 Espagnols et autres).

**Oran**, chef-lieu du département, est une grande et belle ville de 85,000 habitants, dont 60,000 Européens. C'est la deuxième ville de l'Algérie. Elle est située au fond d'une baie et les maisons s'étagent des deux côtés du ravin de l'oued Rehhi.

Son port a été amélioré et élargi par la construction de deux jetées; il s'y fait un commerce très actif.

La croissance d'Oran a été remarquable depuis la conquête française.

Près d'Oran est le port de *Mers-el-Kébir* avec sa citadelle, excellente rade, ancien port des corsaires oranais, réservé aujourd'hui à la flotte de guerre française.

Les principales communes de l'arrondissement sont :

**Aïn-Temouchent** (ancienne ville romaine), centre agricole très important.

**Arzeu-le-Port**, ancien *Portus magnus* des Romains, la meilleure rade de l'Algérie; tête de ligne du chemin de fer des Hauts Plateaux;

**Saint-Denis-du-Sig**, jolie ville à l'aspect européen, à l'entrée de la plaine fertile du Sig, qu'arrosent les eaux du Sig ou Mekerrah. A 20 kilomètres de Saint-Denis se trouve le barrage du Sig.

**Sainte-Barbe-du-Tlélat**, bifurcation du chemin de fer de Sidi-bel-Abbès et Tlemcen; centre de vignobles;

**Perrégaux**, centre très important, au débouché du barrage de l'Habra et des plaines du Sig et de Sirat;

*Lourmel, Saint-Cloud, Misserghin, Oued-Imbert, Rio-Salado, Saint-Maur* (*Tamzourah*), *La Senia*, centres de colonisation florissants, *Saint-Leu*, ruines romaines;

*Hammam-bou-Hadjar*, eaux salines et sulfureuses;

*Beni-Saf*, mines de fer importantes;

*Kléber*, beau marbre du *Djebel-Orousse*;

*Tazant*, minières de fer du *Djebel-Orousse*.

Les communes mixtes sont :

**Aïn-Temouchent**, avec le centre des *Trois-Marabouts*, de nombreuses fermes, les mines de *Camerata*.

**Saint-Lucien**, avec les centres de *Saint-Lucien*, *Ouggaz*, de nombreux douars et la *forêt de Mouley-Ismaël*.

**Arrondissement de Mascara. — Mascara** est une vieille ville, qui fut pendant quelque temps la capitale d'Abd-el-Kader. Elle est située sur les pentes méridionales des monts des Beni-Chougran, qui l'abritent des vents du nord et lui donnent un climat chaud. Le pays environnant se prête à la culture de la vigne; le vin est très estimé. La plaine d'Eghris, qui se déroule au pied des coteaux, est un vaste champ de blé, de céréales et de tabac.

Mascara est à la fois un centre politique et militaire très important et un des marchés les plus considérables de la province. Avec sa banlieue, *Saint-Hippolyte*, *Saint-André*, la population dépasse 20,000 habitants, dont moitié d'Européens.

Les autres communes sont :

**Saïda**, d'abord bordj militaire fondé en 1845, près de l'emplacement d'un camp d'Abd-el-Kader, devenu une petite ville importante à l'entrée des Hauts Plateaux. Le pays est fertile, le climat sain, les eaux abondantes. De Saïda dépend le centre de *Nazreg* (grandes fermes);

*Dublineau* (*Oued-el-Hammam*) dans la montagne, et *Palikao*, dans la plaine d'Eghris, villages de colonisation.

**Aïn-el-Hadjar** (*la fontaine de pierre*), ou *Maugerville*, est sur le plateau, à l'entrée des Hauts Plateaux. C'est le centre des usines d'alfa, qu'alimentent les exploitations de *Kralfallah* et de *Marhoum*.

VUE DE SAIDA

Entre Saïda et Aïn-el-Hadjar, le chemin de fer escalade la falaise (100 mètres) par des courbes remarquables.

L'arrondissement de Mascara s'étend sur un grand nombre de tribus et douars indigènes, qui ont été organisés en communes mixtes avec des centres de colonisation en formation.

**Saïda** et **Mascara** sont chefs-lieux de deux communes mixtes. Deux autres ont pour chef-lieu **Cacherou** et **Frenda**.

La commune mixte de Saïda comprend les centres de *Franchetti*, *Charrier* et *Ouizert*.

A Mascara sont rattachés : *Froha*, *Mahoussa*, *Aïn Farès*, *Thiersville*, *Matemore*, *Traria*, *Tizi*, etc., villages qui se transforment peu à peu en communes de plein exercice.

*Frenda*, ancienne ville arabe, poste militaire dans un pays pittoresque et tourmenté (*Djebel Gadda*), sur la lisière des Hauts Plateaux, est le centre d'une commune mixte.

*Cacherou* (Palikao) est entouré des centres de *Sonis*, *Uzès-le-Duc* (*Fortassa*), et de nombreuses fermes.

**Arrondissement de Mostaganem. — Mostaganem**, vieille ville, sur un plateau à 1 kilomètre de la mer et à 100 mètres d'altitude, avec un port (*La Marine*), débouché d'une région fertile (céréales et vigne).

Population : 18,000 habitants, dont moitié d'Européens.

Les villages les plus importants sont : *Mazagran*, célèbre par la belle défense d'un détachement français contre un millier d'Arabes insurgés en 1840; *Aboukir*, *Aïn-Tédelès*, près du Chéliff, *Cassaigne*, *Bosquet*, centres importants du Dahra, *Bouguirat*, *l'Hillil*, *Relizane*, centre et marché importants. *Inkermann*, un des débouchés de l'Ouarsenis, la *Stidia* (colons allemands), *Rivoli*, *Noisy-les-Bains*, etc.

Les communes mixtes sont :

**Ammi-Moussa** et **Zemmorah**, centres principaux des grandes tribus de l'Ouarsenis (*Beni-Ourar* et *Flittas*);

*Renault*, au nord du Chéliff avec la ville arabe de *Mazouna*;

*Cassaigne* dans le Dahra, avec les centres prospères de *Lapasset*, *Ouillis*;

La **Mina**, avec *Sirat*, *Clinchant*, *Sahouria*, *Nouvion*, et la ville arabe de *Kalaâ* (tapis renommés);

**Tiaret**, ancien poste romain, poste fondé par les troupes françaises en 1843, au milieu d'un territoire fertile (céréales et vigne). Centres de *Palat*, *Trumelet*, *Guertoufa*. Les tribus *Harars* des Hauts Plateaux campent à proximité de Tiaret et de Frenda et fréquentent ces deux marchés.

**Arrondissement de Sidi-bel-Abbès. — Sidi-bel-Abbès**, au centre de la belle plaine de la Mékerra est une jolie ville très ombragée, fondée en 1849. L'émigration en masse au Maroc des *Beni-Amer* une des plus puissantes et plus fanatiques tribus d'Abd-el-Kader, a permis à la colonisation de se développer à l'aise. Sidi-bel-Abbès est une des villes les plus riches de l'Algérie. Population : 23,000 habitants dont 16,000 Européens (7,000 Français).

Les principaux villages sont : *Bou-Khanéfis*, *Mercier-Lacombe*, *Chanzy*, *Sidi-Lhassen Tassin*, *Tessala*, au pied du Djebel Tessala, *Les Trembles*, etc.

Le territoire de la **Mèkerra** est organisé en commune mixte, avec le chef-lieu à Sidi-bel-Abbès : centres de *Baudens*, *Parmentier*, *Lamtar*, *Deligny*, etc.

La commune mixte du **Télagh** comprend **Daya (Bossuet)**, poste militaire à l'entrée des Hauts Plateaux; *Magenta*, *Bedeau* (*Ras el Ma*), tête de ligne d'une voie ferrée qui remonte la Mékerra.

**Arrondissement de Tlemcen. — Tlemcen** est une très ancienne ville, qui fut à plusieurs reprises la capitale d'empires arabes et maures, comme en témoignent ses monuments et ses ruines.

Occupée définitivement en 1842, Tlemcen est devenue une belle ville dont le climat et le séjour sont très agréables. Entourée de jardins et de terres fertiles, au débouché des montagnes dans la plaine de l'Isser, Tlemcen est une des villes les plus intéressantes de l'Algérie.

Population, avec la banlieue (*Bréa*, *Mansoura*, *Négrier*) : 33,000 habitants, dont plus de 5,000 Européens.

Les autres communes sont :

*Benif Saf*, sur la côte; mines de fer bien exploitées;

**Nemours** (*Djemma Ghazouât*), ancien port de pirates, point de ravitaillement à la frontière marocaine. A 19 kilomètres de Nemours se trouve le marabout de *Sidi-Brahim*, célèbre par la défense héroïque d'une colonne française contre Abd-el-Kader;

*Hennaya*, *Lamoricière*, *Pont de l'Isser*.

Les communes mixtes sont :

*Aïn Fezza*, *Nedroma*, *Remchi* (*Montagnac*) et *Sebdou*. Des centres sont en formation : *Descartes*, *Montagnac*, *Sebdou*, *Turenne*, etc.

Le long de la frontière marocaine, il a été constitué un territoire spécial de commandement, qui comprend la commune mixte de **Lalla Maghnia.**

**Lalla Maghnia**, à 10 kilomètres de la frontière marocaine, est un marché important et un poste fortifié (créé en 1844), dont dépendent les smala de spahis de *Bled Chabaa* près de Lalla Maghnia, et de *Medjahed*, le petit centre minier de *Gar-Rouban*, et le poste d'*El-Aricha*, sur les Hauts Plateaux, surveillant les Oulad-Nahr et les Hamian.

Les autres territoires de commandement de la province d'Oran s'étendent sur les Hauts Plateaux.

## Organisation et occupation des Territoires de Commandement.

On distingue les *petits nomades* sur les Hauts Plateaux, et les *grands nomades* dans le Sahara. Les *ksouriens* forment un élément sédentaire, entre les grands et les petits nomades.

Les principales tribus des Hauts Plateaux sont : au nord des Chotts, les *Oulad-en-Nahr*, les *Oulad-Balagh*; les *Hamian Gharaba* et *Cheraga*, les *Beni-Matar*, les *Yacoub*, les *Harar Gharaba* et *Cheraga*; au sud des Chotts, les *Beni-Guil*, entre le chott El-Gharbi et le chott Tigri ; les *Trafi*, les *Rezaïna*.

Les *Hamian Cheraga* ou *Trafi* étendent leur parcours jusqu'aux Chaînes sahariennes.

Sur toute l'étendue de la chaîne saharienne, de Figuig à Aflou, sont les nombreuses tribus des *Amour*, moitié sédentaires, moitié nomades. Les ksouriens sont d'origine berbère.

Dans le Sahara, la grande tribu des **Oulad-sidi-Cheikh** étend ses parcours jusqu'à l'Erg (sables). Ils se divisent en deux fractions hostiles : *Gharaba* et *Cheraga*. Après avoir résisté longtemps à la France et fomenté plusieurs insurrections, ils ont accepté aujourd'hui l'autorité française, qui leur laisse d'ailleurs une indépendance effective, en les surveillant.

A l'ouest de Figuig, les *Oulad-Djérir*, tribus turbulentes et pillardes, et les *Doui-Menia* dépendent du Maroc. Mais la pénétration française, par la vallée de l'oued Zousfana, et l'occupation du Touat les placent désormais dans la zone d'influence de l'Algérie.

Aucun lien ne réunit ces tribus nomades. A part la communauté de foi musulmane qui les entraîne parfois à la rébellion, elles vivent isolées, souvent hostiles les unes aux autres, se disputant les terrains de parcours.

Leurs relations se bornent aux échanges des troupeaux et des produits sahariens. Les petits nomades des Hauts Plateaux se rencontrent avec les tribus sédentaires du Tell sur les marchés de *Sebdou*, de *Daya*, de *Saïda*, de *Mécheria*, de *Géryville*, de *Frenda*, de *Tiaret*. On y voit aussi quelques caravanes sahariennes, mais en petit nombre, car, depuis l'occupation de l'Algérie par des chrétiens, les caravanes musulmanes du Sahara se sont détournées sur le Maroc et la Tripolitaine.

L'occupation des oasis du Touat, du Tidikelt, d'Ouargla aura pour effet de ramener les nomades sahariens vers les débouchés algériens.

Le chemin de fer qui pénètre actuellement en plein Sahara exercera sans doute une influence sur le commerce saharien.

La voie ferrée (voie d'un mètre) part d'*Arzeu*, coupe la grande ligne d'Oran-Alger à *Perrégaux*, suit la vallée de l'Habra, passe à *Tizi*, à *Saïda*; monte sur les Hauts Plateaux à *Aïn-el-Hadjar*, traverse le chott Ech-Chergui au *Kreider*, se déroule sur les Hauts Plateaux par *Mécheria* et *Mékalis*, descend sur *Aïn Sefra*, tourne le Mekter par *Mograr*, et entre dans le Sahara par *Djenien-bou-Rezg* et *Duveyrier* (Kreneg-el-Zoubia). Elle se prolongera sur *Igli*, par l'oued Zousfana, et plus tard sur le Touat.

**Territoires de commandement.** — Les Hauts Plateaux et les montagnes sahariennes forment des territoires de commandement qui comprennent deux communes mixtes : **Géryville** et **Mécheria**; deux communes indigènes : *Yacoubia*, et *Tiaret-Aflou*.

Les centres principaux sont :

**Aïn-Sefra**, qui est le chef-lieu de toute la région et forme une *subdivision* militaire, sous le commandement d'un général de brigade;

**Géryville**, fondé en 1852, et *Aflou*, en 1872, qui tiennent le Djebel Amour;

le *Kreider*, *Mécheria*, *Aïn-Sefra*, qui tiennent la voie ferrée;

*El-Aricha*, sur la route de Tlemcen à Mécheria, dépend du territoire de Lalla Maghnia;

*Aïn Sfissifa*, *Tiout*, *Moghar-Foukani* et *Tahtani*, *Asla*, *Chellala*, *El-Abiod-sidi-Cheikh*, *Brezina*, *Taouiala*, *Tadjerouna*, *Bou Semghoun* sont les principaux ksour. Ils sont visités régulièrement par les officiers des bureaux arabes et des colonnes volantes.

**Figuig** est une oasis importante composée de sept villages, sur l'oued Zousfana.

Jusqu'ici elle n'a pas été occupée par les Français, par déférence pour le Maroc. C'est un centre d'échanges entre le Sahara, les Hauts Plateaux et le Maroc, et aussi un foyer d'agitation religieuse.

A l'ouest de Figuig, *Aïn-Chaïr* est un ksar important près de l'*oued Guir*, sur la route de la grande oasis marocaine, le *Tafilelt*.

Aïn-Chaïr a été assiégé en 1870 par une colonne française; d'autres colonnes l'ont dépassé depuis, en poursuivant les tribus dissidentes du Sud oranais. Sans qu'il soit besoin de l'occuper effectivement, l'autorité de la France doit l'englober dans son influence saharienne.

# LA PROVINCE D'ALGER

**Limites.** — La province, ou département[1], d'Alger est enclavée entre la province d'Oran et la province de Constantine. Les limites sont conventionnelles et assez bizarrement tracées.

Du côté de la province d'Oran, la limite coupe en deux le Dahra et l'Ouarsenis, à l'est elle coupe également la Kabylie.

La partie sud de la province d'Alger, entre le Djebel Amour et les monts du Zab, est ainsi moitié moins large que celle de la province d'Oran.

**Aspect d'ensemble.** — La province d'Alger ressemble à la province d'Oran, avec plus de variété dans les paysages, plus d'éclat de la végétation dans le Tell côtier. Mais le Tell, dans son ensemble, est plus étroit et plus tourmenté, les montagnes y sont plus élevées, la pénétration est plus difficile, les Hauts Plateaux sont plus accidentés et moins larges.

Les directions générales des montagnes ne changent pas et les rides sont toujours parallèles et étagées, mais les coupures des rivières, en particulier celles du Chéliff, de l'Isser et du Sahel, déterminent des massifs et des régions beaucoup plus accentuées que dans la province d'Oran.

Ainsi on distingue dans le Tell Algérien six régions : le **Dahra**; le **Sahel Algérien**; la **Kabylie**; **l'Ouarsenis**; la **Métidja** (ou **Mitidja**); le **Titeri**.

Les **Hauts Plateaux** forment une septième région assez accidentée entre les monts du Titeri, le Chéliff, les monts des Oulad-Nayl et les monts du Hodna.

La chaîne saharienne comprend ensuite les **monts des Oulad-Nayl** et du **Zab** (Zibans).

### Le Dahra.

Le **Dahra** (en arabe, *nord*) forme un long massif entre la mer et le bas Chéliff. En partant de la mer, on distingue plusieurs lignes de hauteurs étagées, d'abord les falaises du littoral, puis de hautes collines au sommet arrondi, aux pentes raides et déchiquetées, entre lesquelles sont de petites plaines et des vallées fertiles.

Les hauteurs vont en diminuant de l'est à l'ouest.

A l'est, les deux *Zaccar* ont 1,579 mètres et 1,527 mètres, le *Bou-Mad* 1,415 mètres.

A l'ouest, au-dessus du Chéliff, les collines ne dépassent pas 5 à 600 mètres.

Quand on regarde le Dahra de la vallée du Chéliff, il a un aspect imposant, comme une muraille sombre et infranchissable. En effet la crête la plus élevée est tout près du Chéliff, et les ravins qui descendent vers le Chéliff sont courts et rapides.

L'*oued Ouahrane*, affluent du Chéliff, est le seul qui ouvre une route facile vers Tenès.

Les rivières côtières sont sans importance.

La côte rocheuse et uniforme est difficile à aborder. Deux ports seulement y offrent un abri : *Tenès* et *Cherchell*.

Le Dahra est habité par des tribus kabyles, dont la soumission a été longue à obtenir. Les *Oulad-Riah*, à l'ouest, et les *Beni-Menasser*, à l'est, entre autres ont résisté longtemps.

Actuellement la colonisation y fait de sérieux progrès.

### Le Sahel Algérien.

Sous le nom de **Sahel** (*rivage*), on entend généralement des bandes étroites de collines qui longent la mer en la séparant des plaines intérieures. Tels sont les **Sahel de Koléa**, **d'Alger**, qui bornent au nord la **plaine de la Métidja**.

Les altitudes ne dépassent guère 400 mètres. Les pentes sont boisées ou cultivées.

Le Sahel algérien, qui s'étend de Cherchell à Dellys, est particulièrement riant et fertile. Les villages y sont très nombreux et peuplés presque exclusivement d'Européens.

La côte présente la *rade de Sidi-Ferruch*, la grande *baie d'Alger*, la *rade de Dellys*, le *mouillage du cap Corbelin*, et les embouchures des nombreuses rivières qui viennent des monts du Titeri après avoir traversé la Métidja.

### La Métidja (ou Mitidja).

La **plaine de la Métidja** s'étend en longueur sur 100 kilomètres, de la baie d'Alger au Chéliff, et forme entre les collines du Sahel et les premières hauteurs du Titeri comme un bassin lacustre de 30 kilomètres de largeur moyenne.

Elle est dominée par un superbe amphithéâtre de montagnes : le *Chenoua* (900 mètres), et le *Zaccar* (1,579 mètres) à l'ouest; le *Gontas* (871 mètres), le *Mouzaïa* (1,604 mètres), les *Beni-Sala* (1,629 mètres), au sud ; les *monts de la Kabylie*, à l'est.

Formée de terrains d'alluvions, la Métidja est très fertile. Par suite de sa proximité d'Alger, elle a été la première partie de l'Algérie colonisée et cultivée par les Français. C'est une des régions les plus riches et les plus peuplées de l'Algérie.

La Métidja est arrosée par de nombreux torrents dont les eaux sont recueillies pour l'été par un système de barrages.

Les principales rivières sont : l'*oued Nador*, l'**oued Mazafran**, formé de l'*oued Djer* et de la *Chiffa*, l'*oued el-Harrach*, qui se jette dans la baie d'Alger, l'*oued el-Hamiz*, l'*oued Boudouaou*, limite de la Métidja.

La Chiffa est un torrent qui descend des montagnes de Médéa, et dont les inondations sont parfois terribles.

L'oued Djer coule presque tout entier dans la plaine.

La Métidja est traversée et desservie par le chemin de fer d'Oran à Alger par Affreville.

### L'Ouarsenis.

**L'Ouarsenis** est un des grands massifs montagneux de l'Algérie. Encadré par le Chéliff, la Mina, et le Nahr-el-Ouassel, il domine toutes les chaînes du Tell oranais, du Dahra et du Titeri, ainsi que les plateaux du sud.

Le point culminant est l'**Ouarsenis** (1,985 mètres).

D'autres cimes atteignent 1,800 mètres : *Ras-el-Prarit* (1,787 mètres), *Achaoun* (1,804 mètres).

Les crêtes principales sont dans l'orientation générale de la chaîne algérienne, mais le relief est tourmenté. Des coupures profondes, dans lesquelles coulent des affluents du Chéliff, brisent la chaîne, et les vallées sont séparées par des contreforts escarpés qui descendent jusqu'au Chéliff.

Les *oueds Mina*, *Riou*, *Sly* ou *Ardjem*, *Fodda*, *Rouina* et *Deurder* traversent complètement l'Ouarsenis, ouvrant des routes faciles à travers le massif, entre le Chéliff et les Hauts Plateaux.

Les pentes sont en général nues, rapides, pleines d'éboulis, surtout celles qui regardent le sud. Les pentes nord au contraire, bien arrosées, sont souvent gazonnées et boisées, et se prêtent à la culture.

La *forêt des Cèdres*, près de Téniet-el-Haad, couvre une étendue de 3,000 hectares et contient des arbres très beaux.

Ces montagnes sont habitées par d'importantes tribus qui font de la culture et de l'élevage. Les plus importantes sont les *Flittas*, les *Ben-Ourar*, les *Zoug-zoug* et les *Djendel*.

La colonisation pénètre peu à peu dans l'Ouarsenis, mais les principaux centres sont dans la vallée du Chéliff : *Affreville*, *Lavarande*, *Duperré*, **Orléansville**, etc.

Le **Chéliff** contourne l'Ouarsenis par une large boucle qui commence au *signal de Boghar*. Sa vallée, resserrée d'abord entre l'Ouarsenis, le Titeri, le Gontas et le Dahra, est néanmoins fertile et bien cultivée; à partir d'Orléansville elle s'élargit en plaine, également fertile, mais très chaude et sujette aux sécheresses. On a aménagé par des barrages le Chéliff et ses affluents, cités plus haut, et dont le cours est assez abondant et régulier, par suite des neiges qui tombent l'hiver sur les hautes crêtes de l'Ouarsenis.

**Teniet-el-Haad** est le grand marché d'échanges avec les Hauts Plateaux.

---

1. Le *département* est le nom administratif, mais l'ancien mot de *province* est employé couramment.

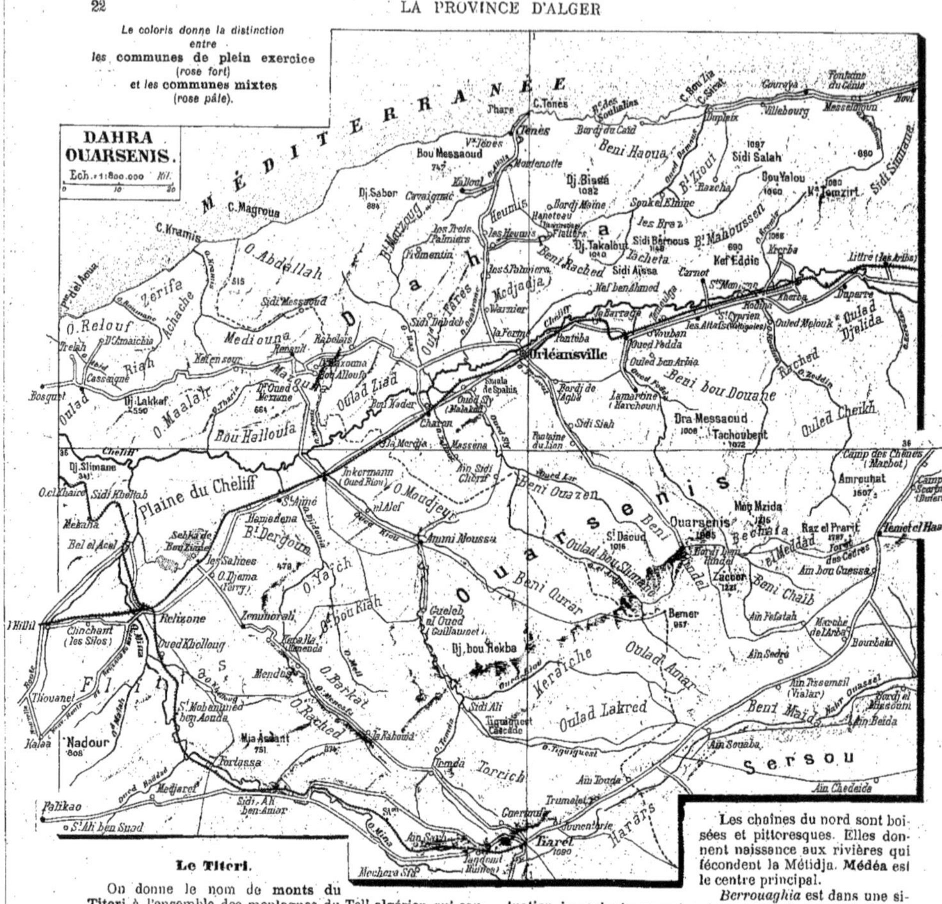


## Le Titeri.

On donne le nom de **monts du Titeri** à l'ensemble des montagnes du Tell algérien qui couvrent la région entre la plaine de la Métidja et les Hauts Plateaux. Le Titeri formait autrefois un *beylicat*, dont **Médéa** était la capitale, et qui dépendait de la Régence d'Alger.

Les monts du Titeri forment deux lignes de hauteurs, séparées par une coupure longitudinale : *oued El-Haad*, affluent de droite du Chéliff, *oued Malah*, branche principale de l'Isser et *Isser* lui-même. Cette coupure est parallèle à la direction générale des chaînes de la Berbérie.

Au nord de la coupure sont les *massifs du Gontas* et de *Mouzaïa*, les **chaînes des Beni-Sala** et des **Beni-Mouça**, et le *massif du Zima*. Les hauteurs varient de 800 à 1,600 mètres.

Au sud, les crêtes principales sont marquées par le *Djebel Tangreguet* (1,415 mètres), le *Kef Lakdar* (1,464 mètres) et le *massif du Dira* (1,810 mètres).

Les chaînes du nord sont boisées et pittoresques. Elles donnent naissance aux rivières qui fécondent la Métidja. **Médéa** est le centre principal.

*Berrouaghia* est dans une situation importante, au point de partage des eaux de l'oued El-Haad et de l'oued Malah, à l'entrée de la plaine des Beni-Sliman. C'est le passage obligé de la route et du chemin de fer de Boghar et de Laghouat.

La **plaine des Beni-Sliman**, prolongée par les plaines des *Arib* et de *Hamza*, marque entre les montagnes du nord et du sud les terres réservées à la colonisation européenne. Elles sont fertiles, mais les villages y deviennent nombreux.

Les montagnes au sud sont surtout gazonnées ; le *Dira* est déboisé, mais bien arrosé, avec d'épais gazon et d'excellents pâturages. Leurs eaux alimentent les affluents de l'Isser et du Sahel.

**Aumale** est, comme Berrouaghia, un point de passage obligé entre le Titeri et la chaîne des Bibans, pour aller vers les Hauts Plateaux.

*Le coloris donne la distinction entre les* **communes de plein exercice** *(rose fort) et les* **communes mixtes** *(rose pâle).*

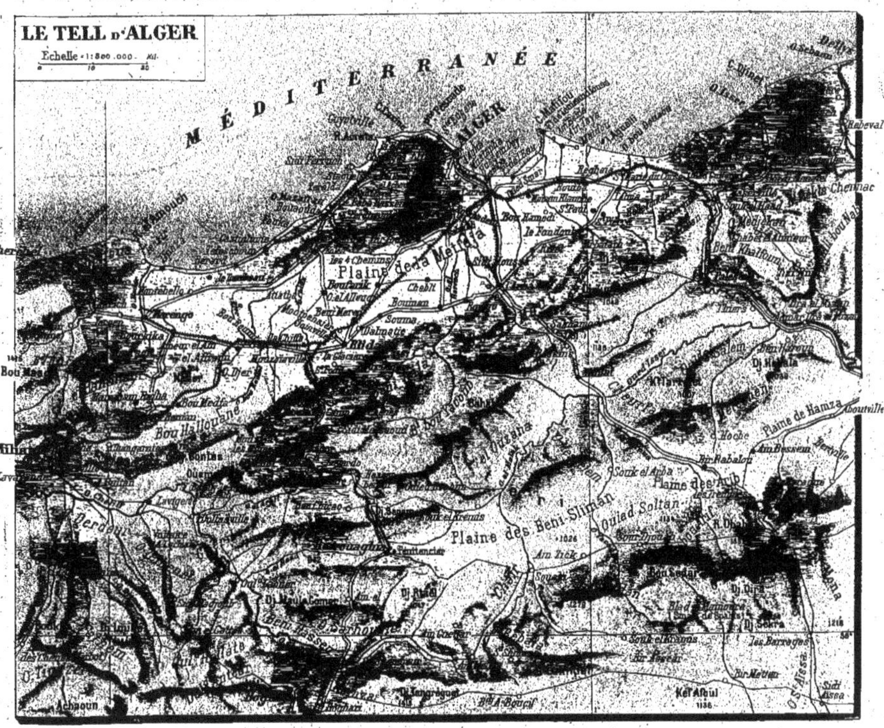


**La Kabylie.**

La **Kabylie**, ou *pays des Kabyles*, s'étend en réalité depuis Alger jusqu'à Philippeville, mais on distingue la grande Kabylie de la petite Kabylie.

La plus grande partie de la grande Kabylie est comprise dans la province d'Alger.

Par **Grande Kabylie**, on entend le massif de montagnes qui est limité par la coupure remarquable que forment les vallées opposées de l'Isser et de l'oued Sahel ou Soummam.

Ce massif s'élève en deux étages.

Le premier étage, le long du littoral, fait partie du Sahel côtier. (V. Sahel algérien.)

Le deuxième étage constitue une chaîne magnifique et imposante, dont les hautes crêtes déchiquetées portent de la neige pendant trois mois de l'année.

Le nœud de la région est le **massif du Djurdjura**, dont le point culminant est le **Lella Khedidja** (2,308 mètres).

A partir du Djurdjura les chaînes descendent peu à peu en demi-cercle vers l'ouest et le nord-est, enfermant entre elles le bassin du **Sebaou**, qui se jette près de Dellys.

Les pentes sud du Djurdjura tombent presque à pic sur la vallée du Sahel et la plaine des Aribs, et ont un aspect grandiose.

Vers la mer, les chaînes sont découpées en nombreux contreforts, en forme d'arêtes et de pitons, tantôt abrupts, tantôt arrondis, séparés par des vallées très profondes. Sur leur sommet sont perchés les villages kabyles, qui ont l'air de petites forteresses au-dessus de précipices infranchissables.

Le pays est en effet très difficile d'accès et a permis aux Kabyles de résister longtemps à la conquête française.

Les Kabyles sont d'un tempérament énergique et laborieux. Ils sont à la fois cultivateurs, industriels et assez commerçants surtout. Ils ont réussi à exploiter un sol ingrat, et les cultures montent sur les pentes les plus raides. Néanmoins ils sont trop nombreux, et la population augmente trop vite pour que le pays suffise à les nourrir. Aussi émigrent-ils temporairement, en grand nombre dans les villes et les villages du Tell, où ils s'emploient comme ouvriers agricoles et terrassiers. Beaucoup s'engagent dans les régiments de tirailleurs.

Les Kabyles fabriquent de la bijouterie, des armes, taillent le bois et le cuir, pendant que les femmes tissent des étoffes de laine et de coton et font de la poterie.

Ils sont divisés en de très nombreuses tribus, isolées les

unes des autres par les montagnes et les ravins. Le sol est par suite très morcelé.

Les tribus les plus notables sont : les *Beni-Iraten*, les *Beni-Menguellet*, les *Beni-Fraoucen*, les *Beni-Yenni*, les *Flissas*, les *Zouaoua*, les *Beni-Yala*, les *Beni-Ismaïl*, les *Aït-Hammam*, etc.

Au centre de la Kabylie, une place fortifiée, **Fort National**, reste le témoin de la conquête. Elle fut élevée en 1857 dans le pays des Beni-Iraten. Elle domine le pays et tient la seule route qui traverse entièrement la Kabylie, de Dellys à Beni-Mansour par Tizi-Ouzou.

Tizi-Ouzou est le centre administratif.

La colonisation ne dépasse pas encore les vallées du Sebaou, de l'Isser et du Sahel. Le *Sebaou* est très abondant et se jette dans la mer par une large embouchure. Sa vallée est courte, mais fertile.

Le chemin de fer suit toute la coupure de l'Isser et du Sahel, de *Ménerville* à *Bougie*. La grande ligne de Constantine se détache à *Beni-Mansour*.

Tizi-Ouzou est relié avec Ménerville et Dellys.

L'ouverture de nombreuses routes, la facilité des communications et des échanges changent peu à peu la physionomie farouche de la Kabylie. Les Kabyles servent aujourd'hui en grand nombre dans les régiments de tirailleurs algériens.

Quelques indigènes de Fort-National, de Tizi-Ouzou et autres localités kabyles vont commercer non seulement en Europe, mais encore en Amérique.

### Les Hauts Plateaux.

Les **Hauts Plateaux** de la province d'Alger commencent à la vallée du Nahr-ouassel et s'étendent au sud du deuxième bourrelet du Titeri jusqu'aux monts des Oulad-Nayl.

Le Cheliff, en sortant du Djebel Amour, trace du nord au sud sur les Hauts Plateaux une longue coupure, qui sépare très nettement les Plateaux oranais des Plateaux algériens.

La vallée du *Nahr-ouassel*, qui limite l'Ouarsenis, a dû être très fertile autrefois; il y a de nombreuses ruines romaines. Mais aujourd'hui elle est desséchée.

Entre le Nahr-ouassel et le Chéliff s'étendent les *plateaux du Sersou*, du *Sousselem* et de l'*Ourenk*, qui dominent à pic la vallée du Nahr-ouassel. Ils ne produisent que de l'alfa.

A l'est du Chéliff, les Hauts Plateaux sont marqués par deux petits chotts appelés les **Zahrès**, à l'altitude de 870 mètres.

Les Hauts Plateaux algériens ressemblent à ceux de la province d'Oran ; ils sont cependant plus accidentés, surtout vers l'est, où ils se confondent avec la région du Hodna et perdent alors le caractère de steppes.

Ils sont traversés par les routes d'Alger à Laghouat par Djelfa, et d'Alger à Bou-Saâda par Aumale.

### Les Monts des Oulad-Nayl et du Zab.

Les **Monts des Oulad-Nayl** prolongent, à l'est, les chaînes de Djebel Amour, et font partie de la grande Chaîne saharienne.

On les appelle ainsi du nom de la grande tribu saharienne qui y prend ses campements d'été.

L'ensemble de ces montagnes forme une chaîne épaisse de 100 à 150 kilomètres, entre le fond des Zahrès, au nord, et la vallée de l'ouest Djeddi, qui en longe le pied méridional.

Cette chaîne comprend plusieurs rides séparées par de longues vallées parallèles.

La ride, qui part de Laghouat, se prolonge par les **Monts du Zab**. Elle domine directement l'oued Djeddi et le Sahara.

Ces rides ne sont pas continues, elles sont séparées par de nombreuses coupures où passent les routes de caravanes qui convergent sur **Zenina, Djelfa, Bou Saada**.

Les **Oulad-Nayl** sont nomades, mais ils ont dans les montagnes huit ksour, ou *dacheras*, qui leur servent de dépôts : *Ksar Charef, Hamra, Zaccar, Medjbara*, autour de Djelfa; *Amoura, Messad, Demmet, el Haïna*, dans la vallée de l'oued Djeddi.

Le parcours des Oulad-Nayl s'étend très loin dans le Sahara, ils sont en contact avec les tribus Chaanba et les Touareg, et servent d'intermédiaires entre eux et le Tell algérien.

L'**oued Djeddi** est une longue vallée saharienne, qui aboutit au chott Melghir. Elle est à sec, sauf près de Biskra, et les Arabes l'appellent *Bled-el-Atoch* (le pays de la soif).

Une des branches supérieures, l'*oued Mzi*, a pourtant de l'eau, qui vient du Djebel Amour, et qui alimente Laghouat.

Au sud de l'oued Djeddi, c'est le Sahara :

*Région des Dayas*, pâturages assez bien fournis après les pluies, dont l'eau se conserve dans de nombreux creux de terrains (*Dayas*);

*Région de la Chebka*, caillouteuse, stérile, désolée, très ravinée, difficile à traverser.

### Le Mzab.

Au sud de la Chebka, dans les vallées du Mzab, sont groupés au milieu de 60,000 palmiers, les sept ksour du Mzab : **Ghardaïa**, *Mélika, Beni-Isguen, Bou-Noura, El-Ateuf, Berrian*, et *Guerara*.

Ces ksour ont été fondés, il y a plusieurs siècles, par des émigrants dont l'origine est peu connue. Ils appartenaient et ils appartiennent encore à une secte religieuse schismatique de l'Islam. Ils forment une population à part, les *Mzabis* ou *Mzabites*, de teint plus clair que les Berbères et les Arabes, de mœurs différentes. Ils sont cultivateurs et commerçants. Leur travail a transformé en beaux jardins le sol pierreux de la Chebka, et leur instinct commercial en a fait les meilleurs marchands de l'Algérie.

Le Mzab est un grand marché d'échanges entre le Sahara et l'Algérie. Il a été annexé à l'Algérie en 1882. Il y a un fort et une garnison à Ghardaïa.

Au sud du Mzab, *Metlili* est un ksar des tribus *Chaanba*.

Plus au sud, *El-Goléa*, les *bordjs Miribel, Mac-Mahon*, jalonnent la route d'Insalah (V. p. 41, Pénétration Saharienne).

## Résumé historique.

Le 14 juin 1830, la flotte française débarquait le corps expéditionnaire sur la plage de *Sidi-Ferruch*, à l'ouest d'Alger. Le 19, l'armée turque était battue et mise en fuite à *Staouéli*.

Le 5 juillet, après cinq jours de siège, Alger capitulait.

La rapidité avec laquelle les Français s'étaient emparés d'Alger, qui passait dans le monde musulman pour invulnérable, fit une profonde impression sur les Arabes et les Turcs algériens. Les beys de Titeri et d'Oran demandèrent l'investiture de la France ; les Janissaires turcs auraient voulu s'enrôler au service de la France. Mais le gouvernement français hésita; il avait seulement voulu punir le dey d'Alger et mettre fin à la piraterie dans la Méditerranée, il ne prévoyait pas la conquête de toute l'Algérie.

On renvoya les soldats turcs en Asie, l'on se contenta d'occuper Alger. La guerre sainte fut alors prêchée dans les tribus.

Pendant quatre ans, il n'y eut que des tentatives décousues. Tout le pays était en guerre. **Alger, Oran, Bône** étaient occupés, mais on ne pouvait en sortir qu'avec de fortes colonnes.

L'apparition d'Abd-el-Kader décida, comme nous l'avons dit, la France à s'assurer la possession définitive de l'Algérie.

En 1840, des garnisons furent solidement établies à **Médéa** et **Miliana**.

De 1841 à 1847, le général *Bugeaud*, poursuivant sans relâche Abd-el-Kader, soumettait et pacifiait la **Métidja, le Titeri, la plaine du Chéliff, l'Ouarsenis, le Dahra.**

**Boghar** fut occupé en 1842; **Orléansville** et **Teniet-el-Haad** furent fondés en 1843.

En 1845, la révolte de *Bou Maza*, dans le **Dahra**, fut réprimée avec la dernière rigueur. Le Dahra fut occupé (1847).

**Zaatcha** dans les Zibans fut pris d'assaut en 1849, **Laghouat** en 1852, **Ouargla** en 1853, **Touggourt** en 1854.

L'Aurès et Biskra avaient déjà fait leur soumission.

La conquête de la **Kabylie** fut plus longue; on établit des garnisons à **Bougie** en 1833, à **Djidjelli** en 1839. Mais les tribus kabyles restaient hostiles et turbulentes sous la conduite de *Bou Baghla*.

*Le coloris donne la distinction entre les* **communes de plein exercice** *(rose fort) et les* **communes mixtes** *(rose pâle).*

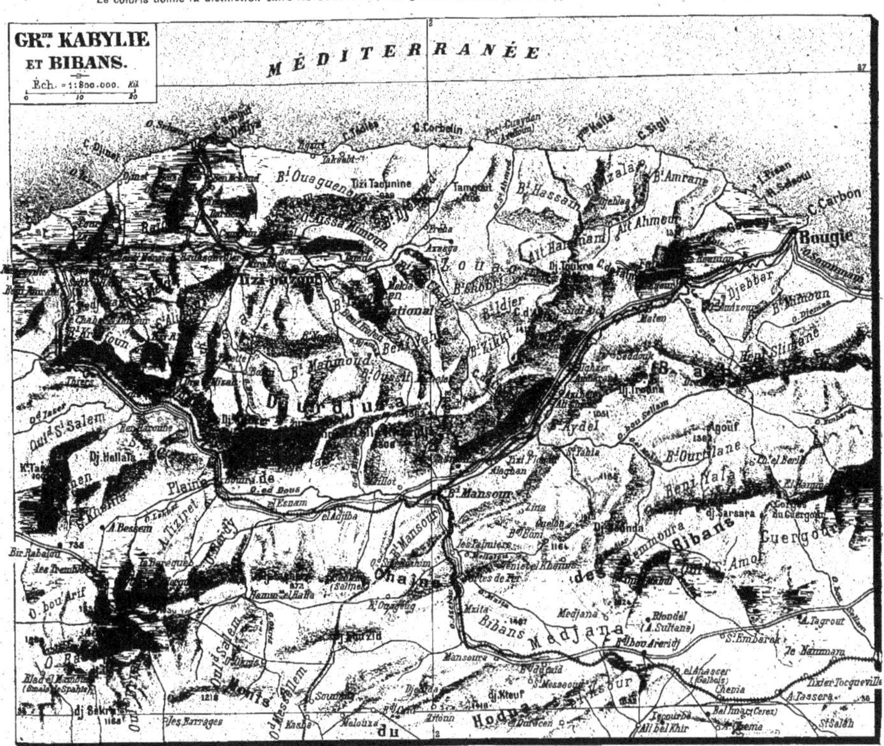


En 1851, une première expédition parcourut la Petite Kabylie et châtia les tribus du Sébaou.

En 1853, la Petite Kabylie fit sa soumission.

En 1854, une forte colonne pénétra dans la Grande Kabylie. Les principales tribus, les *Beni-Raten* et les *Beni-Menguellet*, ne se soumirent qu'après une résistance acharnée. Bou Baghla fut tué.

En 1857, une armée de 30,000 hommes envahit la Kabylie et écrasa la résistance des tribus (**combat d'Icheriden**).

Le **fort Napoléon**, aujourd'hui **Fort-National**, fut construit au centre du pays, des routes furent ouvertes. La Kabylie, qui avait résisté aux Romains et aux Turcs, était définitivement domptée.

A la suite de la guerre de 1870, une révolte, provoquée par *Mokhrani*, bachaga de la Medjana, mit toute la Kabylie en feu.

Le Dahra et quelques tribus de la province de Constantine suivit le mouvement d'insurrection.

Mais la vigueur et la rapidité des colonnes françaises eurent rapidement raison de cette tentative. Mokhrani fut tué. Les tribus kabyles furent sévèrement punies, elles perdirent leur autonomie et une partie de leurs terres.

Depuis lors la Kabylie est restée paisible.

Tout le Tell algérien est aujourd'hui pacifié et en pleine prospérité.

## Population.

**Population et colonisation européennes.** — Les colons ont suivi la marche des troupes qui faisaient la conquête. Le *maréchal Bugeaud* créait des villages autour des postes et des garnisons et s'efforçait de faire participer l'armée à l'œuvre de la colonisation. Grâce à la fertilité du sol, la plaine de la Métidja, le Sahel algérien, la plaine du Chéliff furent ainsi peu à peu transformés et constituent aujourd'hui des domaines agricoles riches et peuplés.

Plus au sud, dans le Titeri ; à l'est, dans la Kabylie et dans les Babor, la colonisation européenne marche plus lentement, parce que les voies de communications font défaut et que les chemins de fer n'ont pas encore pénétré dans la région montagneuse.

La plus grande partie des Européens se presse dans la banlieue et dans l'arrondissement d'Alger.

On compte 162,000 Européens, dont 112,000 Français, dans l'arrondissement d'Alger, pour 25,000 environ dans les quatre autres arrondissements.

VILLE ET PORT D'ALGER. (Collection Gastiné.)

Les *Espagnols* sont pour la plupart ouvriers, charretiers, pêcheurs, maraîchers, etc. Dans la basse Métidja, il y a quelques gros centres de cultivateurs espagnols.

Les Italiens exercent surtout les professions maritimes.

**Population indigène.** — Les tribus *kabyles* (plus ou moins mélangées d'Arabes) dominent dans la province d'Alger; elles occupent le Dahra, la Kabylie, le Sahel, la région des Babor, l'Ouarsenis.

Les tribus de la province d'Alger comme celles de la province de Constantine diffèrent beaucoup de celles des tribus oranaises.

Les types arabes purs se retrouvent dans le Titeri, dans le Hodna et chez les Oulad-Nayl.

Les populations kabyles, et en général les tribus arabes qui sont entremêlées avec elles, sont laborieuses ; elles cultivent le sol et se livrent à des industries locales.

## Divisions administratives et localités principales.

La province d'Alger comprend :

En *territoire civil*, 5 arrondissements : **Alger, Médéa, Miliana, Orléansville, Tizi-Ouzou**;

En *territoire militaire* ou *de commandement*, deux subdivisions : **Médéa** et **Laghouat**.

**Alger** est la capitale de l'Algérie. C'est une des plus belles villes maritimes de la Méditerranée. Élevée en amphithéâtre sur les collines du Sahel au fond de la baie, elle apparaît de très loin aux voyageurs qui arrivent par mer. La blancheur des maisons se détache sur les fonds de verdure sombre des bois qui entourent la ville. Et cette pyramide de terrasses légères et de rues étroites et tortueuses, dont la vieille kasbah forme le sommet, semble reposer sur le soubassement des trois rangées d'arcades du port, surmontées de solides maisons européennes.

La beauté du ciel, presque toujours pur, l'éclat de la mer d'un bleu intense, la douceur du climat [1], font d'Alger un des lieux les plus favorisés du monde.

Les étrangers y viennent passer l'hiver en grand nombre. Aussi la ville s'est développée merveilleusement depuis l'occupation française. La banlieue environnante s'est transformée, à son tour, en ville de plaisance et de luxe, avec ses villas et ses palais noyés dans les jardins et les bois.

Le port est devenu très sûr, grâce aux deux jetées qui ont été construites. Le mouvement du port est considérable [2].

La population d'Alger atteint près de 100,000 habitants, dont 45,000 Français, 16,000 étrangers, 10,000 israélites.

**Arrondissement d'Alger.** — Les communes de plein exercice sont très nombreuses. Les principales sont :

Dans le Sahel algérien :

Les nombreux centres de la banlieue d'Alger : *Mustapha* (30,000 hab.), faubourg oriental d'Alger, et *Saint-Eugène*, faubourg occidental, *Hussein-Dey*, *Maison-Carrée*, *Birmandreis*, *El-Biar*, *Bouzaréa*, etc. ;

**Koléa**, petite ville agréable et florissante;

**Cherchell**, très ancienne ville, (du temps des Romains elle s'appelait *Césarée*, et était la capitale de la *Maurétanie Césarienne*); petite ville militaire, port assez bon ;

*Chéragas*, avec l'important établissement agricole des trappistes de *Staouéli*;

*Guyotville*, village très salubre, avec de beaux vignobles et des jardins de rapport;

*Marengo*, grand et beau village, avec les annexes de *Tipasa*, *Montebello* [3].

---

1. Moyenne de la température : 14° en janvier; 24° en août; 18° en moyenne. L'été est humide et fatigant.

2. La pêche d'Alger compte à elle seule 200 barques, avec 1,000 à 1,200 pêcheurs, et un débit de poisson de 2 millions de kilogrammes.

3. Près de Montebello est le *Tombeau de la Chrétienne* (*K'beur-er-Roumia*), édifice ancien ayant la forme d'une grande pyramide, et qui a été reconnu comme ayant servi de tombeau à des rois numides.

Dans la Métidja :

**Blida**, très jolie ville, entourée de magnifiques plantations et d'arbres superbes (orangers, oliviers séculaires), avec les centres de *Montpensier*, *Joinville*, *Dalmatie*, 25,000 habitants, dont près de 9,000 Européens;

**Boufarik**, *Alma*, *Maison-Blanche*, *Birtouta*, *Arba*, *Rovigo*, *Beni-Mered*, *Oued-el-Alleug*, *Mouzaïaville*, *La Chiffa*, *El-Affroun*, etc., grands villages agricoles.

Dans la région montagneuse (Titeri, Babor, etc.) :

*Ménerville*, embranchement des voies ferrées de Constantine et de Kabylie;

**Aumale**, ancienne ville romaine (*Auzia*), poste militaire fondé en 1846, au pied du Djebel Dira, marché très important, chef-lieu de commune mixte;

*Palestro*, centre de colonisation important, chef-lieu de commune mixte; créé en 1851 au moment des travaux de route des gorges de l'Isser, détruit pendant l'insurrection de 1871 après une résistance héroïque;

*Bir-Rabalou*, *Blad-Guitoun* (*Félix-Faure*), *Saint-Pierre* et *Saint-Paul*, etc.

Les 6 communes mixtes sont :

**Aïn-Bessem**, au milieu de la fertile plaine de Aribs, avec les centres de *Bertville*, *Aboutville* et *Hoche*;

**Aumale**; **Beni-Mansour**, dans la haute vallée du Sahel, entre la Kabylie et les Babor; chef-lieu *Maillot*.

**Gouraya**, dans le Dahra, avec les centres de *Marceau*, *Villebourg*, *Fontaine-du-Génie*, *Dupleix*;

**Palestro** et **Tablat**.

**Arrondissement de Médéa.** — Communes de plein exercice : **Médéa**, **Berrouaghia**, **Boghar**, **Boghari**, *Damiette*, *Lodi*. Communes mixtes : **Berrouaghia**, **Boghari**.

**Médéa**, sur une terrasse, au pied du Djebel Nador, ancienne ville, est le centre d'une région fertile et salubre, dont la végétation rappelle les productions de la zone tempérée (ormes, vignobles, céréales, fruits).

*Berrouaghia* (de *berouack*, *asphodèle*, plante très commune dans la région), avec un établissement thermal, la Bergerie nationale de Moudjebeur et des ruines romaines, est la tête de ligne actuelle du chemin de fer d'Alger à Boghar. C'est aussi le chef-lieu d'une commune mixte avec les centres de *Ben-Chikao* et *Loverdo*, dans le pays boisé et cultivé des *Hassen-ben-Ali*.

**Boghar**, à 8 kilomètres de la rive gauche du Chéliff, et **Boghari**, en face sur la rive droite, sont deux marchés importants sur la route d'Alger à Laghouat.

Boghar est le chef-lieu d'une commune indigène des territoires militaires, Boghari le chef-lieu d'une commune mixte.

Près de Boghari se trouve un ksar arabe.

**Arrondissement de Miliana.** — **Miliana**, bâtie sur le versant méridional du Zaccar, dans le défilé qui sépare la Métidja de la plaine du Chéliff, à l'entrée du Dahra, a toujours eu une grande importance. La ville est ancienne. Le climat est assez froid l'hiver.

**Affreville** est un centre agricole de premier ordre.

La gare dessert Miliana et Teniet-el-Haad.

**Teniet-el-Haad**, petite ville militaire et marché important, commande les communications de l'Ouarsenis et des Hauts Plateaux. La région est boisée (*forêt des cèdres*) et fertile.

Les villages de la plaine du Chéliff sont des centres agricoles florissants : *Vesoul-Bénian*, *Lavarande*, *Littré*, *Duperré*, *Les Attafs*, *Carnot*, *Kherba*, etc.

Les communes mixtes sont, dans le Dahra :

**Les Braz** (Duperré), **Djendel** avec le centre de *Voltaire*, **Hamman-Rhira** avec les centres d'*Adélia*, *Changarnier* et *Margueritte*;

Dans l'Ouarsenis, **Teniet-el-Haad**, avec de nombreux centres agricoles et fermes (*Marbot*, *Dutertre*, *Bourbaki*, etc.).

**Arrondissement d'Orléansville.** — Communes de plein exercice : **Orléansville**, **Cavaignac**, **Charon**, **Montenotte**, **Oued Fodda**, **Tenès**. Communes mixtes : **Chéliff**, **Ouarsenis**, **Tenès**.

**Orléansville** a été fondée en 1843, sur l'emplacement d'une ancienne ville romaine, sur le Chéliff. Son climat est des plus chauds de l'Algérie, mais les plantations et les cultures qui l'environnent ont adouci la température.

**Tenès** (ancien port romain) est le port d'Orléansville.

La commune mixte du **Chéliff** a pour chef-lieu *Lamartine* (*Harchoun*); centres : *Malakoff*, *Varnier*, *Masséna*.

La commune mixte de l'**Ouarsenis** a pour chef-lieu le bordj des *Beni-Hindel*, ou *Indel*.

**Tenès** est le chef-lieu d'une commune mixte du Dahra, avec les centres de *Flatters*, *Rabelais*, etc.

**Arrondissement de Tizi-Ouzou.** — Cet arrondissement comprend une grande partie de la Kabylie.

**Tizi-Ouzou**, au centre du bassin du Sebaou, a été bâtie en 1858 autour d'un fort sur un mamelon dominant la vallée.

**Dra-el-Mizan** et **Fort-National** ont été également créés pour maîtriser la Kabylie. La colonisation se développe autour de ces centres.

**Dellys**, ancien port romain, est le port de la Kabylie. Un chemin de fer le relie à Tizi-Ouzou.

*Bordj-Menaïed* ou *Menaïel*, *Camp-du-Maréchal*[1], *Haussonviller*, *Isserville*, *Rebeval*, etc., sont des centres qui prospèrent.

1. Un chemin de fer sur route relie *Camp-du-Maréchal* à *Boghni* (*Borni*).

Les communes mixtes sont : **Azeffoun**, avec *Port-Gueydon* comme chef-lieu ; **Mizrana**, chef-lieu *Tigzert*; **Djurdjura**, chef-lieu *Michelet*, avec le centre de *Boghni*; **Dra-el-Mizan**; **Fort-National**; **Haut-Sebaou**, chef-lieu *Azazga*, avec les centres de *Tamda* et *Fréha*.

**Territoires de commandement.**

3 communes mixtes : **Bou-Saada**, **Djelfa**, **Laghouat** ; communes indigènes : *Bou-Saada, Djelfa, Ghardaïa, Laghouat* et *El-Goléa*.

**Bou-Saada**, chef-lieu de cercle, tient le bassin du Hodna.

**Djelfa** est sur la route d'Alger à Laghouat, et tient l'entrée des Zahrès et des monts des Oulad-Nayl.

**Laghouat** est un chef-lieu de subdivision militaire, à l'entrée du Sahara, dans une oasis de palmiers bien arrosée par les eaux de l'oued Mzi. On y cultive des céréales et tous les fruits d'Algérie sur plus d'un millier d'hectares. La végétation est très belle. Le climat est excessif, — 7° en hiver, + 45° en été.

Laghouat est une place de guerre, avec une forte garnison et des magasins considérables.

Le chemin de fer projeté d'Alger à Laghouat s'arrête encore à Berrouaghia, dans le Tell.

Une route-piste carrossable passe par Boghar, traverse les Hauts Plateaux, passe à Djelfa, traverse les monts des Oulad-Nayl, et se prolonge par une piste sur **Ghardaïa**, le centre politique et militaire du Mzab.

**El-Goléa** forme également une commune indigène, dont dépendent les *bordj Miribel, Mac-Mahon*, etc.

## LA PROVINCE DE CONSTANTINE

**Limites.** —. La province de Constantine est comprise entre la province d'Alger et la Tunisie.

**Aspect d'ensemble.** — La province de Constantine a un aspect très différent des deux autres provinces. Elle passe pour la plus belle et la plus pittoresque. Elle n'a pas, en effet, les grands espaces stériles et tristes des Hauts Plateaux oranais et algériens, et le Sahara lui-même ne se présente pas tout de suite avec ses hamadâ désolés et ses barrières de sable. Elle est très montagneuse et très boisée.

Les Hauts Plateaux sont accidentés et se confondent avec le Tell; ils sont cultivables.

L'Aurès, qui continue la Chaîne saharienne, est un massif puissant et compact aux vallées fertiles; les oasis de l'oued Righ, du Melghir et du Souf, prolongent jusque dans le Sahara la région habitable et colonisable.

La province de Constantine a toujours été colonisée.

Avec la Tunisie, elle fut une des plus riches provinces de l'Afrique romaine, comme en témoignent des ruines nombreuses de villes et d'aqueducs.

Du nord au sud, on distingue cinq régions :

la **Petite Kabylie**, précédée du **Sahel de Djidjelli** et de **Collo**; c'est la suite du Tell;

les **Hauts Plateaux** : plaines des Sbakh, hautes vallées de la Medjerda et du Mellègue;

la **dépression du Hodna**;

l'**Aurès** et les **Ziban**;

les **oasis sahariennes**.

### La Petite Kabylie (Tell).

Sous le nom de **Petite Kabylie**, on comprend tout le pays montagneux qui borde la côte et fait suite à la grande Kabylie.

On y distingue nettement deux rides montagneuses :

1° la **chaîne des Babor**, les **monts d'El-Kantour**, l'**Edough**;

2° la **chaîne des Biban**, les **monts Oulad-Kebbab**, les **monts de Constantine**.

La côte est bordée par des avant-chaînes de la première ride, qui forment le pittoresque Sahel de Djidjelli et de Collo. Elle est plus découpée que la côte d'Oran et d'Alger, et présente les trois principaux golfes de l'Algérie : **Bougie**, **Philippeville**, **Bône**. Les *caps Carbon, Cavallo, Bou-Garoun*, de *Fer*, de *Garde* et *Rosa*, abritent de bonnes rades.

La première ride montagneuse prolonge le Djurdjura. De la vallée de l'oued Sahel à la vallée de l'oued el-Kébir, on l'appelle **chaîne des Babor**, du nom de ses deux cimes principales, *Tababor* et *Djebel Babor* (1,965 et 1,970 mètres).

De l'*oued el-Kebir* à l'*oued Sanedia* s'étendent les **monts d'el-Kantour** (*Djebel Toumiet*, 894 mètres).

Le **massif de l'Edough** (1,008 mètres) borde la côte et forme un promontoire important entre les golfes de Philippeville et de Bône.

Ces montagnes sont très pittoresques et très boisées[1]. Elles sont riches en mines de fer, de cuivre, de lignite. Leur exploitation deviendra des plus fructueuses, quand on y aura multiplié les routes d'accès.

La deuxième ride est séparée de la première par un ensemble de vallées parallèles (*oued Bou-Sellam, oued Endja, oued Smendou*, etc.), formant un long couloir assez accidenté et fertile, de l'*oued Sahel* au *lac Fezzara*, et dont *Takitount* et *Smendou* marquent les deux points principaux.

Cette ride, moins élevée en moyenne que la première, et qui ne forme pas étage, comme dans le Tell oranais, comprend la **chaîne des Biban**, ou **Portes de fer**, ainsi nommée à cause des remarquables défilés par lesquels passe la route de Constantine à Alger; elle s'étend du **Djebel Dira** (près d'Aumale) au **Djebel Meghris**, au nord de Sétif. Elle est prolongée par les **monts des Oulad-Kebbab** et de **Constantine**, qui forment en réalité la bordure des Hauts Plateaux.

La chaîne des Biban est pittoresque et sauvage (*Djebel Anini*, 1,540 mètres, *Djebel Guergour*, 1,380 mètres).

Les monts des Oulad-Kebbab et de Constantine sont étagés en gradins parallèles, séparés par de profonds ravins (*Djebel Fortas*, 1,477 mètres).

Toutes ces montagnes sont assez serrées et ne laissent s'ouvrir des plaines importantes qu'à leurs extrémités : *vallée de l'oued Sahel*, grande *plaine de la Seybouse* et du *lac Fezzara*, qui a pour avancée la *plaine de l'oued Safsaf*, entre El-Kantour et Philippeville.

Les principales rivières qui les traversent sont :

l'**oued Sahel**, qui vient de la région de Sétif (*oued bou-Selam*), et dont la large vallée inférieure prend le nom de **Soummam**, en séparant le Djurdjura des Babor; l'**oued Agrioun**, qui ouvre la route du *Chabet-el-Akra*, ou *Akhra*, (ravin de la mort), gorge superbe avec des rochers de 1,800 mètres de haut; l'**oued El-Kébir**, l'**oued Safsaf**, l'**oued Sanedja**, et la **Seybouse** qui vient des monts de la Medjerda. Ces rivières ont de l'eau en toutes saisons et leurs vallées sont fertiles.

### Les Hauts Plateaux.

Les Hauts Plateaux commencent au revers méridional de la Petite Kabylie. Les Oulad-Kebbab et les monts de Constantine en font partie. Ils comprennent : les **plaines de la Medjana**, des **Sbakh**, du **Kroub**, de **Temlouka**, de **Aïn-Beïda**, les **bassins de la Medjerda et du Mellègue**.

Ils sont accidentés par des collines qui les partagent en plusieurs petits bassins. Le climat en est tempéré et la colonisation européenne s'y développe.

1. Les Turcs y prenaient les bois pour les mâts de leurs navires.

La **Medjana**, entre les monts du Hodna et les Biban, est particulièrement fertile. *Medjana* et *Bordj-bou-Areridj* en marquent les centres importants. Le chemin de fer d'Alger à Constantine la traverse dans toute sa longueur. La *région des Abd-en-Nour*, qui prolonge la Medjana, est également cultivée.

La **plaine des Sbakh** (pluriel de *Sebkha*) comprend une suite de chotts (*El-Beïda*, *Mrouri*, *Guerrat-el-Tarf*, etc.), qui forment dépression entre les **monts des R'hira** ou *Rirha*, de **Batna**, de l'**Aurès** au sud, et les **monts de Constantine** au nord.

Ces chotts sont marécageux après les pluies, mais les terres environnantes sont propres à la culture, et la colonisation s'y développera avec l'ouverture des routes.

Le Hodna a été très riche à l'époque romaine. Des barrages aménageant les eaux lui rendraient son ancienne fertilité.

Cette grande dépression est intéressante parce qu'elle marque une interruption au centre de la longue terrasse des Hauts Plateaux, et forme comme une sorte de golfe saharien dans l'intérieur de la Berbérie.

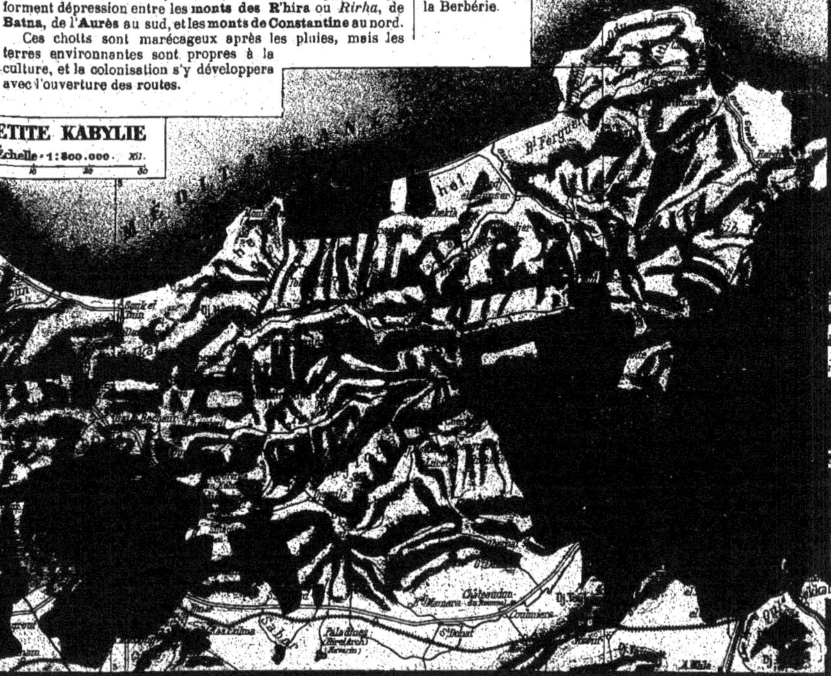


*Sétif*, *Batna*, *Constantine* et *Aïn-Beida* marquent les quatre extrémités et les débouchés de cette grande région.

A l'est d'Aïn-Beida commencent les bassins de la Medjerda et du Mellègue, dont les hautes vallées sont très accidentées. Le pays environnant est appelé à reprendre l'ancienne prospérité dont il jouissait autrefois sous les Romains.

### Le Hodna.

Le **Hodna** est une grande *dépression*, fond d'un ancien lac.

Le *chott El-Hodna*, qui marque le fond de cette dépression, est à 500 mètres d'altitude, 480 mètres plus bas que les chotts oranais et les zahrès algériens. Aussi il recueille les eaux d'un cirque de montagnes formé par les **monts du Hodna** et de la **Medjana**, au nord; les **monts du Zab**, au sud; les extrémités orientale des **monts des Oulad-Nayl**, et occidentale de l'**Aurès**.

Le chott est pourtant ordinairement à sec, et la chaleur y est très forte. Les eaux semblent filtrer dans le sous-sol au sortir des montagnes, et les localités se sont établies précisément sur la ceinture du bassin : *Bou-Saâda*, *Ced-ed-Djir*, *Meila*, *Banka*, *Ngaous*, *Mdoukal*, etc.

### L'Aurès et les Ziban.

**L'Aurès** est un vaste massif montagneux compris entre l'*oued El-Kantour* à l'ouest, la *plaine des Sbakh* au nord, l'*oued El-Arab* à l'est.

Il est prolongé à l'ouest par les **monts du Zab** et la **région des Ziban**, et flanqué à l'est par le **Djebel Cherchar** et les **monts des Nemencha**.

Les eaux qui s'en écoulent au sud forment un immense éventail de rivières alimentant le **chott Melghir**.

L'Aurès est formé de plis montagneux très resserrés, comme les plis d'une étoffe froncée. Les vallées sont très profondes et très escarpées, les crêtes sont étroites, le massif est très tourmenté et pittoresque.

Les hautes cimes (*Chelia*, 2,328 mètres, *Keroun-ed-dib*, 2,306 mètres, *djebel Amamra*, 2,087 mètres, etc.), conservent la neige une grande partie de l'année.

Le versant sud est aride, les eaux ont arraché les terres qui ont roulé vers le Melghir. Le centre de l'Aurès, au contraire, offre de belles vallées cultivées (*Kantara*, *Abdi*, *El-*

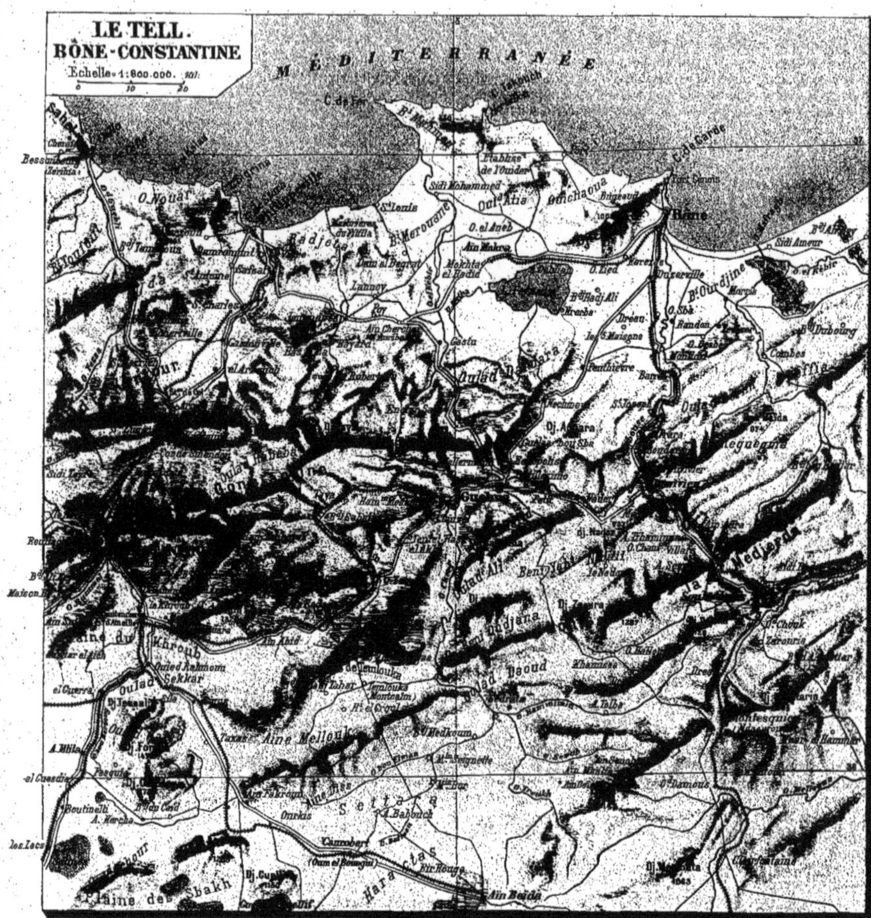


*Abrod, El-Arab*), habitées par des populations énergiques et laborieuses, métis de Berbères et d'Arabes, qu'on désigne sous le nom général de *Chaouïa*.

Les plateaux du nord, très élevés, étaient couverts de forêts sur leurs pentes nord, mais ces forêts meurent et disparaissent peu à peu par suite d'un assèchement naturel et invincible du sol.

Les villages sont perchés sur des murailles inaccessibles[1], les communications sont très difficiles d'une vallée à l'autre. Les gens de l'Aurès ont résisté aux Romains, aux Turcs, aux Arabes, et en dernier lieu à la conquête française.

L'insurrection de 1879 se termina d'une manière terrible. Les tribus de l'Aurès, ayant voulu fuir les colonnes françaises et s'échapper vers le Sahara, furent en grande partie massacrées par les goums sahariens ou moururent de faim et de soif.

Le **djebel Cherchar** et les **monts des Nememcha** sont boisés et bien arrosés. Ils se prolongent au nord par les **monts de Tébessa**. *Negrine* et *Tébessa* en sont les deux débouchés.

1. On voit sur des pitons et sur des rochers abrupts des *guelaa*, tours fortifiées, qui servent de magasins.

Les **Ziban** forment une région d'*oasis* sur le versant méridional des **monts du Zab**. *Sidi-Okba* en est la capitale religieuse. On distingue 4 oasis ou *zab* : *Biskra*, *Sidi-Okba*, *Sidi-Khaled*, *Zaatcha*.

La région des Ziban forme l'extrémité ouest du bassin du chott Melghir.

**Les oasis sahariennes.**

**Le bassin du chott Melghir.** — Le **chott Melghir** est le chott le plus à l'ouest de la longue suite de chotts qui portent du golfe de Gabès (*Chott El-Fedjedj*, *El-Djerid*, *Gharsa*, *Melghir*).

Le chott Melghir constitue une grande dépression à 15 mètres en moyenne au-dessous du niveau de la mer. Elle recueille les eaux d'un vaste bassin saharien limité au nord par la Chaîne saharienne, de Laghouat à Tébessa, et comprenant au sud les grands oueds sahariens de l'Oued Mia et de l'oued Igharghar.

L'**oued Mia** passe par **Ouargla**, dont l'oasis est alimentée par ses eaux souterraines.

L'oued **Igharghar** vient du sud, passe à **Touggourt** et prend alors le nom d'**oued Righ**. Cette région a été transformée par le percement de nombreux puits artésiens, qui ont fait jaillir les eaux souterraines. Elle est couverte de palmiers et de cultures.

Le chott Melghir est, comme les autres chotts, couvert de cristaux de sel de magnésie, et, en dehors des pluies, n'a que des flaques marécageuses.

*Le Souf* est une région d'oasis au sud du Melghir, sur la route de Ghadamès, dont le chef-lieu est *El-Oued*.

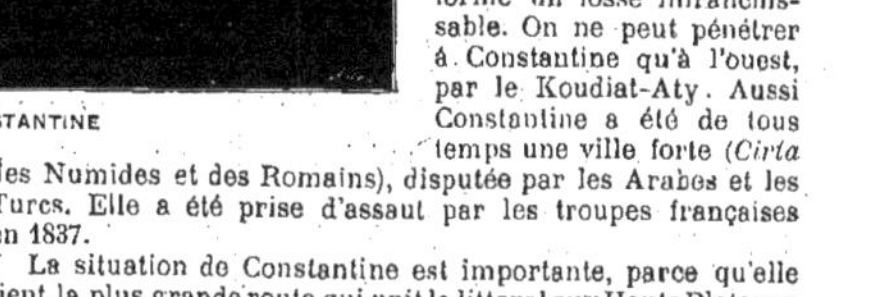

VUE DE CONSTANTINE

**Population.**

**Population européenne.** — La population européenne de la province de Constantine atteint 120.000 individus : 85,000 *Français*; 3,500 *étrangers*. plus 10,000 *Israélites* naturalisés.

Le nombre des Européens est plus faible que dans les autres provinces. Mais la proportion de l'élément français est plus forte.

Les étrangers sont en effet beaucoup moins nombreux dans la province de Constantine. Ce sont surtout des *Italiens* et des *Maltais*, qui n'aiment guère le travail agricole; ils préfèrent les travaux publics ou le commerce.

Les *Allemands* sont assez nombreux dans les villages de la plaine de la Seybouse.

Le nombre des colons européens n'a pas augmenté comme dans les provinces d'Oran et d'Alger. La province de Constantine est pourtant riche et offre à la colonisation plus de territoires fertiles. Mais elle est assez difficile à parcourir et à explorer. Les montagnes coupent les communications entre les différentes régions.

Les centres de colonisation ont progressé le long des voies ferrées. Mais la découverte de riches couches de phosphate et les maladies de la vigne ont détourné momentanément les efforts des colons.

**Population indigène.** — La population indigène de la province de Constantine est la plus forte des trois provinces, plus de 1,700,000 individus. La proportion des colons européens à la population indigène est de 7 0/0, tandis qu'elle atteint 15 0/0 dans la province d'Alger et 23 0/0 dans la province d'Oran.

Le type kabyle domine (Petite Kabylie, Aurès). Sur les Hauts Plateaux, les grandes tribus des *Abd-en-Nour*, des *Oulad-Kebbab*, des *Rhira*, des *Haractas*, des *Hanenchas*, des *Oulad-sidi-Yaya*, des *Achèches*, sont devenues sédentaires et cultivent les plaines.

Les tribus de l'Aurès (*Oulad-Zian*, *Oulad-Daoud*, *Beni-bou-Sliman*, *Amamra*, etc.), les *Nememcha* (*Oulad-Rechaich*, *Brarcha*, *Allouana*) sont demi-nomades.

Les *Sahari* et les *Arab* des Ziban sont nomades.

Les tribus de la province de Constantine sont donc en général plus fixées au sol que dans les autres provinces. Aussi leur conquête et la répression des insurrections ont été relativement faciles. L'occupation rapide des villes, Bougie, Bône, Constantine, Sétif, a amené la soumission du pays.

La Petite Kabylie fut réduite dès 1853, *Ouargla* et *Touggourt* furent occupés à la même époque; *Zaatcha* avait été enlevé d'assaut en 1849.

L'Aurès fut plus long à réduire; il ne fut définitivement soumis qu'en 1879.

**Divisions administratives et localités principales.**

La province, ou département de Constantine, comprend :

en *territoire civil*, 7 arrondissements : **Constantine, Batna, Bône, Bougie, Guelma, Philippeville, Sétif;**

en *territoire militaire ou de commandement*, une subdivision : *Batna*.

**Constantine** est bâtie, comme une forteresse, sur un plateau rocheux élevé de 600 à 800 mètres, et contourné par le Rummel. Les rebords du plateau tombent à pic sur la rivière, qui forme un fossé infranchissable. On ne peut pénétrer à Constantine qu'à l'ouest, par le Koudiat-Aty. Aussi Constantine a été de tous temps une ville forte (*Cirta* des Numides et des Romains), disputée par les Arabes et les Turcs. Elle a été prise d'assaut par les troupes françaises en 1837.

La situation de Constantine est importante, parce qu'elle tient la plus grande route qui unit le littoral aux Hauts Plateaux et à l'Aurès. Elle est au centre de la région. C'est une ville industrieuse et active; on y fabrique de grandes quantités de burnous en laine, de tapis et d'objets en peaux. Population : 48,000 habitants, dont 21,000 Européens.

**Arrondissement de Constantine.** — Les villages de colonisation de l'arrondissement s'allongent dans les vallées du *Rummel*, de l'*oued Bou-Merzoug*, de l'*oued El-Barda*, de l'*oued Smendou*, qui forment l'*oued El-Kébir*. Les plus importants sont : *Aïn-Abid*, *Aïn-Kerma*, *Aïn-Smara*, *Aïn-Tinn* (*Belfort*), *Bizot*, *Condé-Smendou*, le *Khroub*, *Hamma*, *Grarem*, *Mila*, *Oued-Athménia*, *Oued-Séguin*, *Oued-Zenati*, *Rénier*, etc.

**Aïn-Beïda** (*la source blanche*), poste militaire créé en 1848 pour maintenir la tribu des *Haractas*, est devenu une petite ville depuis que le chemin de fer y aboutit. C'est un centre important d'agriculture indigène.

**Tébessa**, ancienne *Théveste* des Romains. commande l'entrée du Sahara tunisien et des chotts Djerid. Elle a été occupée en 1851. C'est une ville de grand avenir commercial, agricole et industriel. Le climat est tempéré, les environs fertiles et boisés. Dans le Djebel Dir, on exploite d'inépuisables couches de phosphates.

Tébessa est relié à Bône par un chemin de fer, qui se prolongera sur Gafsa et Sfax en Tunisie.

Les communes mixtes sont : *Aïn-M'lila*, *Châteaudun-du-*

*Rummel, El-Milia, Fedj-M'zala, Meskiana, Morsott (Tébessa), Oum-el-Bouaghi (Canrobert), Sedrata.*

**Arrondissement de Batna.** — 3 communes de plein exercice : **Batna, Biskra, Lambèse**; 5 communes mixtes : **Aïn-el-Ksar, Aïn-Touta** (*Mac-Mahon*), **Aurès** (*Lambèse*), **Khenchela, Oulad-Soltan.**

**Batna** a été créé en 1848, au débouché de la plaine des Sbakh et à l'entrée de l'Aurès. C'est un centre militaire qui s'est développé et est devenu une petite ville de transit commercial avec l'Aurès, le Sahara et le Tell de Constantine.

**Biskra**, la *reine des Ziban, Biskra aux Palmiers*, est situé à l'entrée du Sahara, mais dans une région tempérée et fertile par suite de l'abri et des eaux que lui donnent l'Aurès et les monts du Zab. La ville est ancienne, les Français l'occupèrent en 1844. Depuis que le chemin de fer y aboutit, Biskra est devenu une ville d'hiver, où les touristes et les malades viennent en grand nombre.

**Lambèse** (ancienne *Lambessa*, camp romain) est près de Batna. Un pénitencier y a été fondé.

Près de Lambèse, sont les ruines magnifiques de *Timgad*, ancienne *Thamugadi* des Romains.

Lambèse est le chef-lieu de la commune mixte de l'**Aurès.**

*Khenchela* (*Krenchela*), ancienne ville romaine, est un marché important, près des sources du Mellègue.

Dans le Hodna, les tribus des *Oulad-Soltan* et des *Oulad-ali-ben-Sabor* constituent la commune mixte des **Oulad Soltan**, avec *N'gaous*, comme chef-lieu.

**Arrondissement de Bône.** — **Bône** est la quatrième ville d'Algérie (32,000 habitants, dont 22,000 Européens). C'est l'ancienne ville romaine d'*Hippone*. Située à l'embouchure de la Seybouse, que les barques remontent pendant quelques kilomètres, entre le massif imposant et boisé de l'Édough et la fertile plaine de la Seybouse et du lac Fezzara, Bône a grandi d'une façon remarquable depuis l'occupation française (1831).

Le port est d'un accès très facile et offre une rade sûre.

Le mouvement commercial est très important.

Les villages de la banlieue de Bône sont tous des centres agricoles prospères : *Barral, Bugeaud, Mondovi, Duzerville, Morris, Randon, Penthièvre.*

*Aïn-Mokra* est un centre usinier très important, avec *Mokta-el-Hadid* (mines de fer).

*Duvivier* est à l'entrée de la région montagneuse (embranchement de Souk-Ahras et Tébessa).

**La Calle** est un petit port, au milieu des rochers. C'est le plus ancien établissement de la France en Algérie (1560-1695). On y pêchait et on y pêche encore le corail.

Les communes mixtes sont : **Beni-Salah** (*Zeriser*), avec les centres de *Combes, Blandan, Saint-Joseph, Pont-de-Duvivier*, etc.; **Edough**, avec *Herbillon*, petit port et commune de plein exercice; **La Calle**, avec les districts de forêts de *Roum-el-Souk*, du *Tarf* (smala de spahis), de nombreuses fermes et exploitations.

**Arrondissement de Bougie.** — Communes de plein exercice : **Bougie, Djidjelli, Akbou, Duquesne, El-Kseur, Oued-Amizour, Strasbourg**; communes mixtes : *Akbou, Guergour, Oued-Marsa, Soummam, Tababor, Taher, Takitount.*

**Bougie**, ancien port romain et berbère, est le port de la Kabylie. Son port est excellent, la rade très sûre, c'était autrefois un centre de la piraterie. C'est le meilleur mouillage de l'Algérie. Il s'y tient des marchés très importants.

**Djidjelli** a été aussi un port de pirates. Le port aura de l'importance quand on exploitera les massifs forestiers et les mines des Babor.

Des villages de colonisation se développent dans la vallée de l'oued Sahel.

Les communes mixtes s'étendent sur les populations kabyles de l'oued Sahel, des Biban et des Babor (Petite Kabylie) : **Akbou**, dans la vallée du Sahel; **Guergour**, avec *Lafayette* pour chef-lieu; **Soummam**, près de la côte, avec la *Réunion* et la tribu des *Oulad-abd-el-Djeba*, etc.; **Tababor** (Djidjelli) dans les Babor; **Takitount**, avec les centres d'*Amoucha* et de *Kerrata.*

**Arrondissement de Philippeville.** — **Philippeville**, créée en 1838, à 5 kilomètres au sud du vieux port de Stora, pour devenir le port de Constantine, est devenue une ville agréable et active; le port est bon.

Population, avec les centres agricoles de *Saint-Antoine, Damrémont, Valée, Saint-Louis*, 20,000 habitants, dont près de 15,000 Européens (7,000 Italiens).

**Collo et Stora** sont deux vieux petits ports.

Des villages importants se sont développés dans la vallée de l'oued Safsaf, le long de la voie ferrée qui relie Philippeville à Constantine : *El-Kantour (col des Oliviers), El-Arrouch, Jemmapes, Gastu, Saint-Charles, Robertville*, etc.

Les trois communes mixtes, **Attia, Collo, Jemmapes**, comprennent les tribus du Sahel et des monts d'El-Kantour.

**Arrondissement de Guelma.** — **Guelma** est une petite ville agricole en pleine croissance (vignes et oliviers). Dans sa banlieue, les villages de *Millésimo* et d'*Héliopolis* sont prospères, les bains d'*Hammam-Berda* et *Hammam-Meskoutine* sont fréquentés.

**Souk-Ahrras** (*le marché du bruit*), ou *Souk-Arrhas*, ancienne *Thagasta* des Romains, est dans une situation importante, près de la Medjerda, sur la grande route de la Tunisie. La fertilité de la vallée, la richesse des montagnes favorisent le développement de Souk-Ahrras.

Souk-Ahrras est le centre commercial de la tribus des *Hanencha*, et le chef-lieu d'une commune mixte.

Les communes mixtes sont : **Oued-Cherf** (Guelma et Oued-Zenati) et **Séfia**, avec les centres de *Laverdure, Aïn-Seynour* et *Villars.*

**Arrondissement de Sétif.** — **Sétif**, au débouché des Biban et à l'entrée de la plaine des Sbakh (Hauts Plateaux), est une ancienne ville romaine et arabe, qui a toujours été la capitale de cette région (Maurétanie sitifienne). Elle est au milieu d'une plaine sans arbres, mais fertile. De nombreux villages et fermes se sont développés aux alentours, dans la vallée de l'oued bou-Sellam et le long de la voie ferrée de Constantine.

Dans la plaine de la Medjana, aussi fertile que la Métidja, la petite ville de **Bordj-bou-Arréridj**, est un centre agricole très important.

*Saint-Arnaud, El-Ouricia, Aïn-Roua, Aïn-Tagrout* se développent.

Les communes mixtes sont : **les Biban**, avec la plaine de la Medjana et *Medjana* pour chef-lieu; **Eulma** (*Saint-Arnaud*) dans la plaine des Sbakh; **Maadid** (*Bord-bou-Arreridj*) et **Rhira**, dans les monts du Hodna, avec des centres en formation : *Cerés, Galbois, Colbert, Tocqueville*; **M'sila**, dans la plaine du Hodna.

**Territoires de commandement.** — Les territoires de commandement de la province de Constantine sont sous l'autorité du général commandant la subdivision de Batna, et comprennent 5 communes indigènes : **Barika, Biskra, Khenchela, Tebessa, Tougourt.**

Les principales tribus sont sur les Hauts Plateaux, autour de l'Aurès : les *Ziban*, les *Achèches*, les *Nememcha*, les *Allaouna*, les *Oulad-Saoud*, les *R'hira*, etc.

Les centres militaires sont : *Biskra, Negrine, El-Oued, Tougourt.*

**Tougourt** est au centre des oasis de l'*oued Righ* (*Rir*). C'est une ancienne ville arabe, dont la situation est importante sur les routes d'Ouargla et de Ghadamès, et qui se développe depuis que les puits artésiens ont rendu la fertilité à cette région d'oasis.

# LA TUNISIE

La **Tunisie** forme, à l'extrémité orientale de la Berbérie, une Péninsule dont les deux faces, baignées par la Méditerranée, sont à angle droit.

Le **cap Bon** marque l'extrémité de la Péninsule. C'est le point le plus rapproché de la Sicile. Le canal de Sicile divise la mer Méditerranée en deux bassins.

L'importance de la Tunisie résulte précisément de cette situation qui lui donne des ports sur chacun des deux bassins méditerranéens.

La Tunisie est, comme on l'a dit plus haut (page 2), une *dépendance géographique de l'Algérie.*

La France, ayant pris possession de l'Algérie, devait exercer une influence prédominante en Tunisie.

La Tunisie formait une Régence, nominalement vassale de l'empire ottoman, mais en fait indépendante sous le gouvernement des beys. En 1881, la France a placé la Régence sous son protectorat. (Voir p. 35. Résumé historique.)

**Limites.** — La Tunisie est limitée à l'ouest par la **province de Constantine**, au sud-est par la **Tripolitaine**, province africaine de l'empire ottoman.

## Le sol de la Tunisie.

Le sol de la Tunisie rappelle, dans son aspect général, le sol de l'Algérie, avec ses trois grandes divisions : le Tell, les Hauts Plateaux, le Sahara. Mais, comme il a été dit (p. 4), par suite du rapprochement progressif des monts du Tell et des Chaînes sahariennes à mesure qu'on s'avance à l'est, les Hauts Plateaux disparaissent en Tunisie, ou du moins y perdent en partie le caractère d'aridité et de sécheresse qu'ils ont en Algérie, particulièrement dans la province d'Oran. (Voir p. 2 et 4.)

En outre, la grande vallée de la Medjerda s'allonge dans la direction du nord-est, parallèlement aux grands alignements montagneux, et comme elle prend sa source sur les Hauts Plateaux de la province de Constantine, elle semble former ainsi avec son affluent l'oued, Mellègue ou Mellag, la suite même des Hauts Plateaux de Constantine.

Les chaînes qui font suite à la Chaîne saharienne n'ont pas le même aspect qu'en Algérie. Elles s'abaissent de plus en plus jusqu'au cap Bon et forment une succession de crêtes parallèles et de plateaux, boisés ou cultivables, alignés du sud-ouest au nord-est. (Voir Berbérie, p. 2.)

Ces chaînes divisent nettement la Tunisie en deux grandes régions ou *versants* correspondant aux deux façades du littoral :

1° le **versant du nord-ouest**, ou de la Méditerranée occidentale, qui comprend le bassin de la Medjerda et une petite bande côtière,

2° le **versant du sud-est**, ou de la Méditerranée orientale, qui descend vers les chotts et vers le golfe de Gabès.

Le Sahara commence seulement au sud du chott Djerid.

Le sol de la Tunisie peut donc se diviser comme il suit :[1]

1° la **Chaîne centrale**;

2° le **Versant du nord-ouest**;

3° le **Versant du sud-est**.

## La Chaîne centrale.

La Chaîne centrale comprend, à partir de la frontière, une suite de massifs distincts, à qui l'on donne en général les noms des principales tribus qui les habitent : **monts des Frachich**[2], **monts des Oulad-Madjeur**, **monts des Zlass**, **djebel Zaghouan**. Elle se termine par la **presqu'île du cap Bon**.

Ces massifs sont séparés par des dépressions ou vallées, qui ouvrent les communications entre les deux versants. Les principaux passages sont : la **passe de Grombalia**, qui ouvre la route de Tunis à Hammamet, entre le Djebel Zaghouan et le Djebel Abd-er-Rahman (cap Bon) ; la **passe du Djebel Bargou** qui ouvre la route de Béja à Kairouan, entre le Zaghouan et les monts des Zlass ; l'**oued Rouina**, route du Kef à Kairouan, entre les Zlass et les Oulad-Madjeur ; l'**oued El-Hatob**, route de Tébessa à Kairouan, entre les Oulad-Madjeur et les Frachich. Il y a beaucoup d'autres passages praticables aux cavaliers et aux piétons.

Le **Djebel Zaghouan** et les **monts des Zlass** sont très âpres et très abrupts, avec des gorges imposantes et difficiles. Le point culminant du Zaghouan (1,298 mètres) s'aperçoit de très loin ; une station de télégraphie optique est installée à 1,000 mètres d'altitude.

Les **monts des Oulad-Madjeur** et des **Frachich** ont l'aspect des monts de l'Aurès et des Nememcha. Leurs sommets s'élèvent à plus de 1,500 mètres. Le *Djebel Chambi* dans les Frachich (1,590 mètres) est le point culminant de la Tunisie.

Les altitudes de la Chaîne centrale sont donc beaucoup moins élevées que celles des chaînes algériennes.

Les montagnes sont disposées le plus souvent en terrasses et plateaux, parfois caillouteux, souvent couverts de terre labourable. Les forêts, qui couvraient autrefois les pentes et les sommets, ont été en grande partie détruites.

Les tribus de cette région montagneuse vivent dans des maisons et cultivent les céréales sur les pentes et dans les vallées. Mais elles possèdent aussi des terres dans la plaine du sud-est et elles y envoient leurs troupeaux à la mauvaise saison.

Elles ont des mœurs rudes, sont à demi-nomades, et pourtant elles sont attachées à leurs terres.

## Versant du nord-ouest, ou Tell tunisien.

Le versant du nord-ouest comprend dans son ensemble le **bassin de la Medjerda**.

Entre la Medjerda et la mer s'élève une chaîne qui prolonge les montagnes du Tell algérien, et dont les eaux s'écoulent, partie au sud vers la Medjerda, partie au nord, directement à la mer.

On peut donc distinguer sur le versant nord-ouest : 1° la **région côtière, ou Tell** proprement dit ; 2° la **vallée de la Medjerda**, avec les plaines qui en dépendent ; 3° la **région montueuse du Kef**. Mais on peut aussi donner à toute cette région, à cause de sa fertilité, le nom général de **Tell tunisien**.

**La région côtière.** — Les hauteurs qui bordent les côtes de Berbérie s'abaissent en Tunisie, et forment : 1° les **monts de Kroumirie**; 2° le **pays des Mogod**.

Les **monts de Kroumirie** sont des lignes de hauteurs très boisées, ressemblant à la Petite Kabylie, dans lesquelles vivent des tribus berbères et arabes.

Ces montagnes ont une altitude moyenne de 6 à 800 mètres. Les eaux y sont très abondantes et coulent dans des ravins et des gorges pittoresques.

Le **pays des Mogod** est un ensemble de collines et de plaines, dans lesquelles sont d'anciens lacs, les uns desséchés et fertiles, les autres encore marécageux. A part quelques petits torrents qui descendent directement à la mer, les eaux s'écoulent dans les lacs de Bizerte.

Le littoral du Tell tunisien est rocheux et en général peu hospitalier.

L'îlot rocheux de **Tabarca**, autrefois fortifié, couvre une petite baie à l'embouchure de l'*oued Djedid*.

Jusqu'à Bizerte on ne trouve plus d'abri. Au nord du *cap Nègre* (ancien comptoir) et du *cap Serrat*, à 100 kilomètres en mer, se trouvent les **îles de la Galite**, jadis refuge de pirates et de contrebandiers.

La **baie de Bizerte** forme un croissant entre les hauteurs du *cap Blanc* et du *ras Zebib*. Un canal de 200 mètres de largeur fait communiquer la mer avec un lac, qu'on vient d'aménager **en rade de guerre** (v. page 6).

1. Cette division géographique a été établie par le général Niox pour fixer une méthode d'enseignement rationnel. (Voir **Algérie**, DELAGRAVE.) Mais on peut adopter d'autres divisions du sol basées sur la montagne, la plaine, les cultures, les pluies, etc. L'essentiel est d'avoir une classification simple et facile à retenir.

2. On écrit parfois *Frachiches* et *Fraichiches*.

**La vallée de la Medjerda.** — La **Medjerda** est la grande rivière de la Tunisie. Elle descend des plateaux de la province de Constantine, passe près de *Souk-Ahras* et entre en Tunisie près de *Ghardimaou*. Sa vallée supérieure est une gorge étroite ouverte à travers des montagnes difficiles.

A partir de Ghardimaou, la vallée s'élargit et forme une suite de plaines séparées par des défilés : **plaine de la Dakla**, avec *Souk-el-Arba ; défilé de l'oued Zarga*, entre *Béja* et *Medjez-el-Bab* ; **plaine de Tebourba ;** *passage de Djedeïda.*

La Medjerda se jette dans la petite *baie de Porto-Farina*, à l'extrémité nord du golfe de Tunis.

Le **golfe de Tunis** est ouvert profondément entre le *ras Sidi-el-Mekki* et le *cap Bon*. Mais la **baie de Tunis** proprement dite est comprise entre le *cap Carthage* et le *ras El-Fortas*.

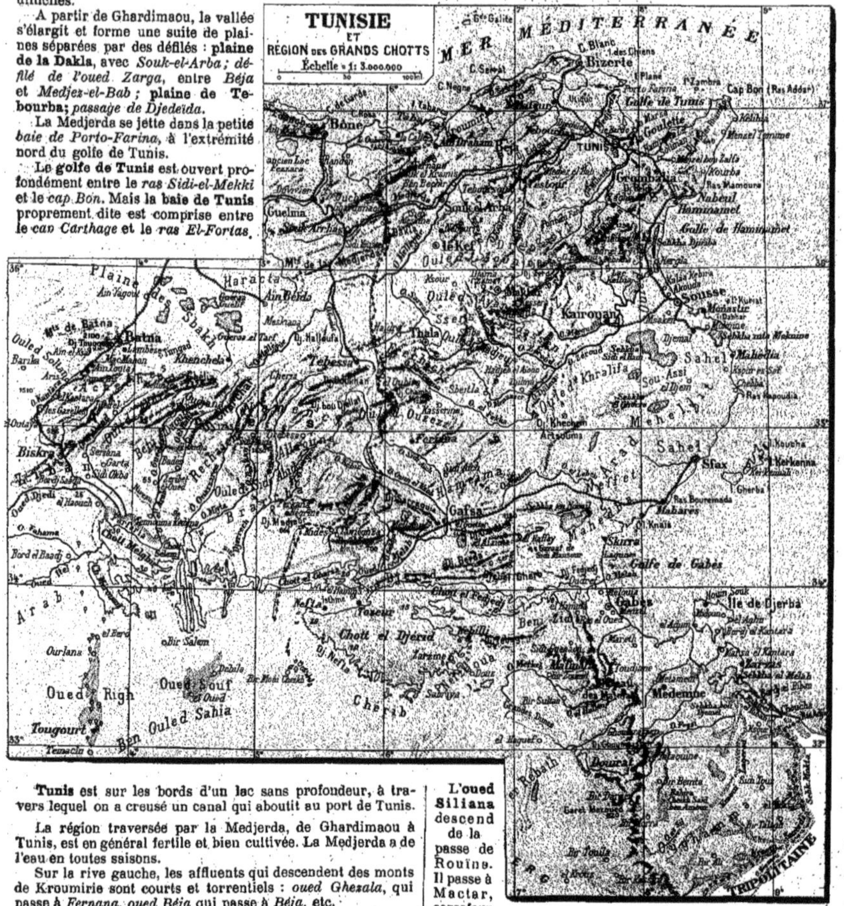

**Région du Kef.** — Le **Kef** est le centre d'une région fertile, comprise entre les terrasses de la chaîne centrale et la vallée de la Medjerda (*plaines du Sers*, du *Kef*, de l'*oued Tessa*). Elle est parcourue par l'importante tribu des *Drid*.

**TUNISIE ET RÉGION DES GRANDS CHOTTS**
Échelle = 1 : 3.000.000

**Tunis** est sur les bords d'un lac sans profondeur, à travers lequel on a creusé un canal qui aboutit au port de Tunis.

La région traversée par la Medjerda, de Ghardimaou à Tunis, est en général fertile et bien cultivée. La Medjerda a de l'eau en toutes saisons.

Sur la rive gauche, les affluents qui descendent des monts de Kroumirie sont courts et torrentiels : *oued Ghezala*, qui passe à *Fernana*, *oued Béja* qui passe à *Béja*, etc.

Mais sur la rive droite les affluents sont plus importants et se terminent par de belles plaines également fertiles.

**L'oued Mellègue**, ou **Mellag**, est le plus important. Il descend du djebel Cherchar, dans la province de Constantine. Il coule longtemps dans une vallée encaissée et n'entre en plaine qu'à son confluent avec l'*oued Sarrat*, qui lui apporte les eaux des Oulad-Madjer.

**L'oued Siliana** descend de la passe de Rouïns. Il passe à Mactar, carrefour des routes de montagnes, traverse des plaines fertiles et se perd dans la Medjerda, à Testour, après avoir reçu l'oued Kraled qui traverse la riche région de Teboursouk.

La Medjerda ouvre la grande route d'Algérie en Tunisie.

Sa vallée est suivie par le chemin de fer d'Alger à Tunis, par Constantine, Souk-Ahras, Ghardimaou.

**L'oued Miliane** est une petite rivière qui longe au nord le Djebel Zaghouan et se jette dans la baie de Tunis, près de Tunis, après avoir arrosé la *plaine du Fahs*.

### Versant du sud-est.

Le **versant du sud-est** comprend trois régions : le **Sahel**, les **terres de parcours**, la **région des Chotts**.

**Le Sahel.** — Le **Sahel** s'étend le long de toute la côte depuis le cap Bon jusqu'au golfe de Gabès, sur une profondeur moyenne de 40 à 55 kilomètres.

C'est une région célèbre autrefois par sa prodigieuse fertilité (ancienne *Byzacène*). C'est le *pays de l'olivier*.

Le littoral est bas, bordé de petits ports et de jardins (*Hammamet, Sousse, Monastir, Mahedia* ou *Mehdia, Sfax, Gabès*, etc.).

Les *golfes de Hammamet* et de *Gabès* découpent harmonieusement la côte.

A l'est de Sousse sont les *îlots Kuriat;* en face de Sfax, les **îles Kerkena** ou **Kerkéna**, bien cultivées.

Le **golfe de Gabès** est fermé au sud par la grande île **Djerba**, séparée de la terre ferme par un étroit chenal.

Le Sahel s'étend jusqu'à une ligne de sebkhas qui va du nord au sud et dans lesquelles se perdent les rivières venant de la Chaîne centrale. Les eaux des sebkhas sont généralement souterraines.

**Les Terres de parcours.** — Entre le Sahel, la Chaîne centrale et le chott Djerid, s'étend une immense région de terres basses, accidentée par des lignes de collines et de grandes buttes détachées les unes des autres, mais ayant la direction générale des chaînes de Berbérie.

Les plaines ont le caractère saharien, elles sont souvent marécageuses, surtout après les pluies, et ont de l'herbe pendant quelques semaines, puis elles sont desséchées et arides la plus grande partie de l'année. Pourtant cette région a été autrefois une forêt d'oliviers, et on y retrouve les ruines de nombreuses villes et fermes du temps de la domination romaine.

Les Arabes ont déboisé et stérilisé le pays. On lui rendra son ancienne fertilité en aménageant les eaux et en reconstituant les plantations d'oliviers.

**Kairouan**, au débouché des routes qui viennent du nord à travers la Chaîne centrale, est le centre de la grande **plaine de l'oued Zeroud.**

**L'oued Zeroud** vient de Souk-El-Djemaâ près de Mactar, par l'**oued El-Hatob** ou **El-Hateb** et des environs de Tébessa par l'oued Fouçanna. Il traverse le *chott* ou lac *Kelbia* et se jette dans la *sebkha Djiriba*, qui borde le golfe de Hammamet.

Au sud s'étend l'**Arad**, qui fait suite au Sahel et se prolonge jusqu'à Gabès. Il est peu fertile actuellement, mais il se prêterait à la culture des oliviers.

**Région des Chotts.** — Le **chott El-Djerid**, prolongé à l'ouest par le **chott-El-Gharsa**, à l'est par le *chott El-Fedjedj*, forme une grande dépression qui sépare la Tunisie du Sahara.

Il reçoit les eaux de la région sud de Tébessa par plusieurs oueds; le plus important est l'*oued Sidi-Aïch*.

Des hauteurs assez élevées (sommets culminants, 1,200 m.) protègent le Djerid contre les vents du nord. Aussi les bords du Djerid, surtout au nord, sont très fertiles. Les oasis de **Gafsa**, de **Nefta**, de **Tozeur** et des **Nefzaoua** produisent de grandes quantités de dattes et d'oranges. La partie la plus riche en palmiers est l'**isthme de Kris**, entre le chott El-Djerid et le chott El-Gharsa.

Au sud du Djerid commence le **Sahara** infertile. Mais le désert est séparé de la mer par une région montueuse (**plateau des Matmata, monts et plateaux de Douirat**), d'une altitude moyenne de 5 à 600 mètres, qui abritent les nombreux ksour des *Beni-Zid* et des *Oughamma* et des terrains de cultures assez importants. Entre ces montagnes et la mer s'étend le **Sahel de Médenine.**

### Résumé historique[1].

La Tunisie a été colonisée et florissante longtemps avant l'Algérie.

La grande ville de **Carthage** était située sur le golfe de Tunis, près du cap Carthage. On y voit encore les ruines du port, si fameux dans l'antiquité par sa richesse et sa puissance.

Les Romains s'emparèrent du pays et en firent une des provinces les plus riches et les plus productrices de l'Empire. **Tunis** fut fondé vers le deuxième siècle

Les invasions des Vandales commencèrent la ruine de ces pays fertiles. La domination byzantine, puis la conquête arabe, leur rendit quelque prospérité. Le **royaume de Kairouan**, fondé par *Sidi-Okba*, devint un des plus brillants foyers de la civilisation arabe et de l'Islamisme. Les souverains de Kairouan et de Tunis étaient redoutés dans toute l'Afrique.

*Saint Louis*, roi de France, dirigea une croisade contre Tunis. Il mourut de la peste aux portes de la ville (1270).

La Tunisie devint ensuite, comme l'Algérie, un centre de pirates et de corsaires.

Les Espagnols occupèrent quelques années La Goulette (1535-1570) et prirent même Tunis deux fois.

Les Turcs s'en emparèrent en 1574. Mais leur domination se bornait aux ports du littoral et aux parties les plus voisines de la mer. Les tribus reprirent leur indépendance et la Tunisie fut livrée à l'anarchie et aux révoltes des tribus.

Quand les Français s'établirent en Algérie à partir de 1830, le bey de Tunis continua avec eux les bonnes relations qui existaient déjà depuis plusieurs années. La piraterie cessa, le commerce des esclaves chrétiens fut aboli, des missions militaires françaises vinrent organiser les troupes du bey.

Sous l'influence des représentants de la France, le bey *Ahmed* (1837-55) essaya d'appliquer d'importantes réformes : égalité légale des musulmans et des chrétiens, garantie de la propriété individuelle, obligation de l'impôt, liberté de commerce, etc.

Mais sous ses successeurs, l'influence de certains ministres et les excitations des Italiens et des Turcs détournèrent le gouvernement tunisien de ses sympathies envers la France, et l'entraînèrent à des dépenses ruineuses.

En 1871, la Turquie fit reconnaître sa suzeraineté par la Tunisie. Le gouvernement tunisien, ruiné par les emprunts, ne payait plus ses dettes. Les tribus frontières, surexcitées par les agents du gouvernement, étaient menaçantes.

En 1881, les Kroumirs violèrent le territoire algérien et attaquèrent un détachement français à Roumt-ès-Souk.

Le gouvernement français se décida à intervenir et à assurer définitivement la tranquillité de l'Algérie en mettant la main sur la Tunisie. Une première expédition s'empara du Kef, du pays des Kroumirs et du pays des Mogod, pendant qu'une autre colonne débarquait à Bizerte et s'emparait de Tunis. Le bey était contraint de signer le **traité du Bardo,** *par lequel il reconnaissait le protectorat de la France.*

Mais les tribus du sud se mirent en insurrection.

Il fallut s'emparer d'assaut de **Sfax**, pousser des colonnes jusqu'à **Kairouan, Gafsa, Gabès**, traverser la montagne et refouler les tribus les plus turbulentes en Tripolitaine.

En 1882, toute résistance avait cessé, et depuis ce temps-là la Tunisie est absolument pacifiée. Le gouvernement beylical, d'accord avec le résident de France, et aidé par des fonctionnaires et des administrateurs français, a transformé le pays, comme on le verra ci-après.

### Population.

**Population européenne.** — La population européenne s'est considérablement accrue depuis l'établissement du protectorat.

En 1880, on comptait 700 Français environ.

1. Pour plus de détails, lire l'*Histoire de la Tunisie*, de M. Loth, professeur au lycée de Tunis.

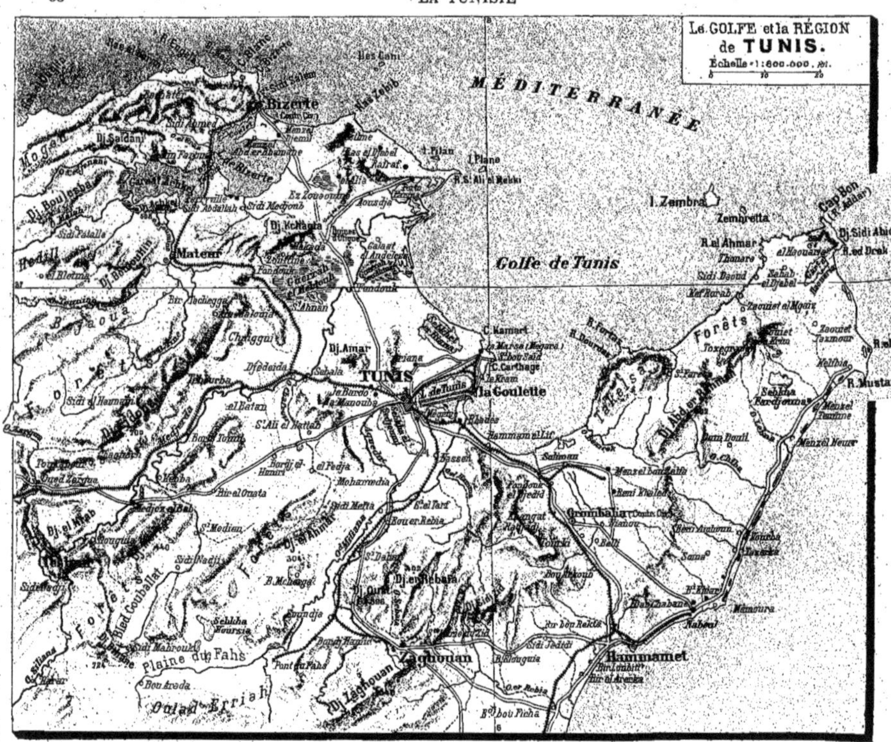


Actuellement, ce nombre a dépassé 16,000 (non compris les troupes).

Les étrangers sont plus nombreux que les Français. Les *Italiens* et les *Maltais* forment la majorité. Il y a environ 66,000 Italiens, 15,000 Maltais.

Les Italiens sont surtout cultivateurs et ouvriers. Ils sont en général pauvres et laborieux.

**Population indigène.** — La population indigène s'élève à environ 1,800,000 (d'après les listes de la *medjba*).

Les régions les plus peuplées sont : d'abord, le Sahel de Sousse et de Sfax, puis la vallée de la Medjerda et la région du Kef.

Les villes sont fréquentées par la population indigène, qui s'adonne en général à l'agriculture et à l'industrie. Plus de la moitié de la population habite les villes.

Les populations tunisiennes, quoique de même race que celles de l'Algérie, n'ont pas, en effet, tout à fait les mêmes mœurs. La propriété individuelle a force de loi en Tunisie, particulièrement dans le Tell et dans le Sahel. Aussi les indigènes sont-ils attachés à leur sol et très jaloux de leurs droits de propriétaires. Il en résulte plus de facilité pour les administrer.

Leur caractère est moins belliqueux, et leur soumission n'est pas sujette à des insurrections soudaines, comme en Algérie.

Les grandes tribus du Sud : *Mehellit* ou *Metalit, Hameima, Beni-Zid, Oughamma*[1], etc., ne sont qu'à demi-nomades. Elles cultivent les terres de labour pendant la belle saison, et conduisent les troupeaux sur les terres de parcours pendant le reste de l'année.

Il y a peu de nègres en Tunisie. Les *Maures* se livrent à l'industrie. Les Israélites sont au nombre de 50,000 environ.

**Colonisation.** — La superficie des propriétés rurales appartenant à des Européens dépasse aujourd'hui 500,000 hectares, dont plus de 450,000 aux Français.

Ces propriétés européennes sont en général de très grands domaines de plus de 2,000 hectares, colonisés par des capitalistes : *Enfida*, 100,000 hectares ; *Lalla Aziza*, 50,000 hectares ; *Djedidi*, 35,000 hectares, *El-Haouareb*, 25,000 hectares, etc. ; mais les petites propriétés de 10 à 100 hectares, et les moyennes de 100 à 500, commencent à devenir nombreuses, l'administration française et le gouvernement tunisien les favorisent.

Une grande partie du sol de la Tunisie, très fertile, se prête en effet à la petite colonisation. Mais les indigènes travaillent aussi, et font leur profit des procédés et de l'outillage européens.

1. On dit aussi *Ourghamma, Hamêma.*

La surface cultivée en céréales par les indigènes a doublé depuis le protectorat. Les plantations d'oliviers se sont également développées.

Les achats de terres par les Européens se font surtout sur les grands domaines de l'État et des tribus (*henchirs*). Les terres de main-morte (*habous*), inaliénables, sont louées par contrat d'*enzel*, location à durée indéfinie qui peut être transmise par héritage ou cession.

### Notes politiques et administratives.

**Organisation politique.** — La Tunisie constitue un protectorat.

En vertu du traité du **Bardo** (12 mai 1881) et de la convention additionnelle de **La Marsa** (8 juin 1883), le protectorat est basé sur les principes suivants : 1° L'autorité du **bey a été maintenue** sur les sujets de la Régence; 2° le **bey a cédé à la France** l'exercice de son pouvoir militaire et diplomatique, le contrôle direct de l'administration et des finances du pays.

Un **Résident général** représente la République en Tunisie; il relève du ministère des affaires étrangères. Ses attributions sont très étendues.

La loi continue comme par le passé à être édictée par le bey. Mais aucune loi ne peut être promulguée dans le pays, aucun traité signé avec l'étranger sans le contre-seing du Résident général.

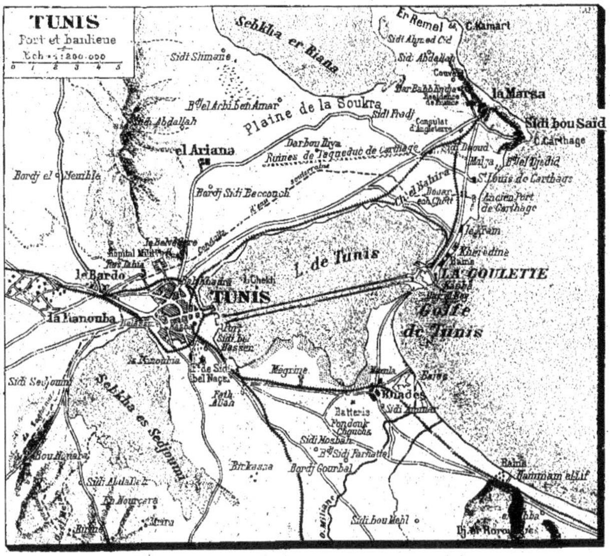

**Le Conseil des ministres** est composé de deux ministres indigènes, le *premier ministre* et le *ministre de la plume*, du *ministre des affaires étrangères, qui est le Résident général de France*, du *ministre de la guerre, qui est le général commandant la division d'occupation française* et des *directeurs des grands services publics*.

Le *Conseil des ministres est présidé par le Résident général.*

Le secrétaire général du gouvernement beylical contrôle toute la correspondance échangée entre les ministres indigènes et les caïds.

**Divisions administratives et localités principales.** — La Régence est divisée en *caïdats*, circonscriptions administratives ayant à leur tête des *caïds*, assistés de lieutenants appelés *khalifas*.

Chaque *caïdat* renferme un certain nombre de villages ou de tribus ayant à leur tête un *cheikh*.

*Caïds*, *khalifas* et *cheikhs*, chargés de veiller à l'ordre et de percevoir certains impôts, sont nommés par le bey, mais sous réserve de l'approbation du Résident général.

Le Résident général de France et le secrétaire général du gouvernement sont assistés dans leur rôle de contrôle et de surveillance par le corps des *contrôleurs civils*. Ces contrôleurs sont les agents directs du Résident, ils n'administrent point, ils surveillent et conseillent les caïds et autres chefs indigènes; ils ont le droit de haute police.

Au point de vue français, ils exercent les fonctions d'officiers d'état civil, de notaires. Ils sont juges de paix dans les localités où ce genre de tribunal n'existe pas.

La Tunisie est divisée en 13 contrôles : **Tunis** et *Zaghouan*, **Béja, Sousse, Grombalia, Sfax, Gabès, Gafsa, Kairouan, Thala, Maktar, Le Kef, Souk-el-Arba** et **Bizerte**, et 4 annexes où il y a un contrôleur adjoint : Béja a pour annexe *Medjez-el-Bab*; Gabès, *Djerba*; Gafsa, *Tozeur*; Le Kef, *Téboursouk*.

Les caïdats des *Oughamma*, *de Matmata* et *des Nefzaoua* forment un territoire de commandement militaire, chef-lieu **Médenine**.

Dans les villes principales, à côté des autorités indigènes, il a été créé des municipalités. Les conseillers municipaux sont nommés par décrets et non élus. Chaque municipalité est formée d'Européens, de Musulmans et d'Israélites.

**Tunis, La Goulette, Le Kef, Sousse, Bizerte, Mahédia** ou *Mehdia*, **Kairouan, Sfax, Béja, Souk-el-Arba**, ont été érigées en municipalités.

*Monastir, Gabès, Nabeul, Tozeur, Zarzis, Tebourba, Gafsa, Hammam-Lif, Mateur*, etc., ont des commissions municipales.

**Tunis**, capitale de la Régence, est une ancienne ville. Elle a été bâtie au bord d'un lac sans profondeur, *El-Bahira*, qui communique avec la mer par un étroit goulet, d'où le *port de la Goulette* a pris son nom.

A l'époque de Carthage, le lac était plus profond et servait de rade et d'abri aux navires. Depuis l'occupation française, on a creusé à travers le lac un canal qui permet aux navires d'arriver aux quais du port de Tunis.

**Tunis** est une grande et belle ville de plus de 180,000 habitants, dont 50,000 Européens et 40,000 Israélites. Elle a toujours été un port de commerce important. La ville européenne s'est brillamment développée. La ville indigène renferme de nombreux palais, des mosquées et des bazars.

Dans les environs se trouvent les ruines du *Bardo*, ancien

palais du bey, et de nombreux palais et villas de plaisance. Le bey réside à La Marsa. A 16 kilomètres sont les ruines de *Carthage* et la *cathédrale de Saint-Louis.*

**Contrôle de Tunis.** — Cinq caïdats : **Tunis,** *La Manouba, Tebourba, Zaghouan, La Goulette.*

**La Goulette** est un port excellent et une ville agréable. Elle est réunie à Tunis par une voie ferrée.

**La Manouba** est une ville de plaisance, à 9 kilomètres de Tunis; *Mégrine, La Marsa* font partie de la banlieue de Tunis; *Hammam-Lif* est réputé pour ses bains.

*Djedeida* est un nœud important de chemins de fer.

**Zaghouan** a de magnifiques jardins.

Toute cette région est fertile, riche et peuplée.

**Contrôle de Grombalia.** — 2 caïdats : *La Dzira* (*Soliman*) et *Le Chott* (*Nabeul*).

La région, moitié plaine, moitié montagne, est également très fertile; le climat est d'une douceur extrême. Les deux ports : *Nabeul* et *Hammamet*, sont les centres principaux.

**Contrôle de Mactar.** — **Mactar,** ancienne ville forte des Romains, est dans une situation importante au débouché des chemins qui traversent la Chaîne centrale entre la Medjerda et l'oued Zeroud. Les deux caïdats, qui font partie du contrôle, s'étendent sur les tribus des *Oulad-Aoun* et des *Oulad-Ayar.*

**Contrôle du Kef.** — Trois caïdats : *Le Kef, Téboursouk, Ounifa-el-Guebala.*

**Le Kef** (ancienne *Sicca Veneris* des Romains) est une ville sainte et une ville de commerce dans une région fertile. *Téboursouk* est une jolie petite ville, dans une belle plaine. *Nebeur, Ksour* sont des centres agricoles. A *Saint-Joseph-de-Thibar*, les PP. Blancs ont un orphelinat agricole.

**Contrôle de Souk-el-Arba.** — Quatre caïdats, qui s'étendent sur les tribus frontières : *Ouchtetas, Kroumirs, Chiaia,* etc., et sur les territoires d'Aïn-Draham et Tabarca.

**Souk-el-Arba** est un des grands marchés agricoles de la Tunisie. Il est situé à l'entrée de la grande plaine de la Medjerda, entre le Tell côtier et la région du Kef. Sa gare est le débouché de ces régions de céréales.

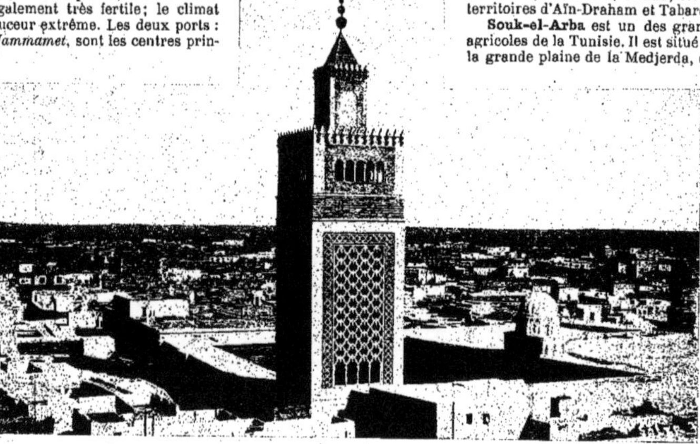

VUE DE TUNIS — VILLE ET RADE — GRANDE MOSQUÉE

*Aïn-Draham*, dans la région montagneuse et boisée, est à la fois un camp permanent et une circonscription forestière importante.

*Tabarca*, sur la côte, en face de l'île du même nom, près de la frontière, est un centre de bois et de cultures.

*Ghardimaou* est la première gare tunisienne en venant de l'Algérie.

*Souk-el-Khemis* est un marché de céréales.

**Contrôle de Sousse.** — Un des plus importants de la Tunisie. Il comprend la plus belle partie du Sahel. 5 caïdats : *Sousse, Mahedia* ou *Mehdia, Monastir, Djemal*, les *Souassi.*

**Sousse** est une des plus jolies villes de la Tunisie. Son port, créé récemment, deviendra un centre actif de commerce pour l'huile, l'alfa et les céréales de la région.

*Monastir* et *Mahedia* sont deux petits ports.

**Contrôle de Sfax.** — Caïdat de la *Skhira* et *gouvernement de Sfax.*

**Sfax,** ancien port, prend une grande importance depuis que son port a été creusé en eau profonde (1897). Son commerce a de l'avenir. Le port est le débouché d'une région d'oliviers et d'alfa et de la région des phosphates de Gafsa, avec laquelle il est relié par une voie ferrée.

**Contrôle de Kairouan.** — **Kairouan** est une ancienne capitale d'un royaume arabe. C'est la *Ville sainte*, la capitale religieuse de la Tunisie; elle possède de nombreuses mosquées et écoles (grande mosquée, zaouia de *Sidi-Sahab*, le barbier du Prophète, etc.). Elle est au milieu d'une plaine, aride pendant l'été, marécageuse au moment des pluies. Toutes les routes qui viennent du nord et du sud passent par Kairouan.

2 caïdats : *Kairouan* et les *Zlass*. Les terres de parcours des Zlass contiennent des plaines très propres à la culture des céréales.

**Contrôle de Béja.** — Trois caïdats : *Béja, Medjez-el-Bab, Drid.*

Béja est une ancienne ville romaine. C'est un marché important au centre des plaines de la Medjerda; elle est entourée de jardins et de terres à blé. Elle est reliée par un embranchement à la grande voie ferrée de Tunis.

*Medjez-el-Bab* devient un centre de colonisation. *Testour* est une petite ville agréable au confluent de l'oued Siliane.

**Contrôle de Bizerte.** — 2 caïdats : *Bizerte* et *Mateur.*

**Bizerte** est une ancienne ville. De magnifiques travaux ont fait de Bizerte, avec ses lacs, le plus beau port de guerre de la Méditerranée. C'est en même temps un centre important agricole et commerçant.

**Mateur** est un des plus grands marchés de la Tunisie, au

centre du fertile pays des Mogod. Cette région est la *perle de la Tunisie*[1].

*Porto-Farina* est un ancien port, aujourd'hui ensablé.

**Contrôle de Thala.** — Il s'étend sur les deux caïdats des *Frachich* et des *Oulad-Madjeur*.

*Fériana* est un centre important au milieu d'une région très favorable à l'élevage.

*Sbeïtla* est une ancienne ville romaine (*Suffutela*), qui retrouvera son ancienne prospérité avec les plantations d'oliviers.

**Contrôle de Gafsa.** — **Gafsa** est le chef-lieu de la région des oasis du Djerid : 4 caïdats, *Gafsa*, *Hamema*, *Tozeur*, *Nefta*.

**Gafsa** est un poste militaire important et un centre commercial de premier ordre. On y exploite de très riches gisements de phosphates; un chemin de fer réunit Gafsa et les mines à Sfax.

*Tozeur*, *Nefta* et *El-Hamma* constituent par excellence le pays des dattes, le **Djerid**.

Les *Hameima*, ou *Hamama*, campent à *El-Guettar*, au sud de Gafsa.

**Contrôle de Gabès.** — Gouvernement de l'*Arad* et annexe de *Djerba*.

**Gabès** est une petite ville européenne, entre la mer et les palmiers. C'est le chef-lieu des territoires militaires du sud, et un port très commerçant.

L'**Arad** prolonge le Sahel et est parcouru par les *Beni-Zid* et les *Hamema*.

L'**île de Djerba** est très basse, bien peuplée et bien cultivée. Elle se prêterait à la culture de la vigne. Marché très important, ruines romaines; on l'appelait autrefois le *Jardin de la Tunisie*.

LA CATHÉDRALE SAINT-LOUIS DE CARTHAGE

**Cercle militaire de Médenine.** — **Médenine** est au centre d'une région qui prolonge le Sahel de Gabès jusqu'à la Tripolitaine, entre la côte et le Djebel Matmata.

**Médenine** est le poste militaire; *Zarzis* est le port commercial. Les *Oughamma* font partie de ce cercle.

**Cercle militaire de Kebili.** — **Kebili** tient la région d'oasis du **Nefzaoua** et le **Djebel Matmata**, pays d'oliviers, où vit une population habitant des cavernes (*troglodytes*).

**Organisation judiciaire.** — Avant 1881, le système judiciaire de la Régence était régi d'après les capitulations. Les tribunaux consulaires jugeaient, chacun pour le pays qu'il représentait, les conflits intéressant leurs nationaux[2]. Divers tribunaux indigènes, le *Châra* (tribunal religieux connaissant surtout des questions civiles et rendant la justice d'après la loi de l'Islam) et l'*Ouzara* (tribunal laïque appliquant les règles du droit séculier principalement au point de vue pénal), la *Driba*, tribunal de simple police, jugeant les affaires n'intéressant que les sujets musulmans de la région. Des *tribunaux rabbiniques* jugeaient les questions litigieuses intéressant les israélites seuls.

En 1883 et en 1887 on a organisé la justice française.

Un *tribunal de première instance* à Tunis et à Sousse et des *justices de paix* à Tunis, La Goulette, Bizerte, Béja, Sousse, Sfax et Le Kef, Sourk-el-Arba, Nabeul, Gabès et Mactar.

1. Suivant l'expression de M. Millet, ancien Résident.

2. Les tribunaux consulaires ont été supprimés à Tunis après accord avec les puissances intéressées.

Un tribunal mixte, composé de 3 assesseurs français et de 3 assesseurs musulmans, présidé par un juge du tribunal de première instance, juge les affaires de propriété foncière intéressant Européens et musulmans.

La Tunisie ressortit à la cour d'appel d'Alger.

On a conservé la justice indigène pour les litiges entre indigènes et pour certaines questions immobilières.

**Instruction publique.** — L'enseignement secondaire compte : à Tunis, le *lycée Carnot*, qui reçoit surtout des élèves européens; une *école secondaire de jeunes filles*; le *collège musulman Sadiki*; le *collège Alaoui* (École normale).

L'enseignement primaire est florissant.

La population scolaire (garçons et filles de toutes nationalités et religions) est de 17,000 enfants.

L'**Alliance française** possède un *Comité régional* à Tunis et des sections à Bizerte, Sfax, Le Kef, etc. Elle a établi des *cantines scolaires* qui alimentent de nombreux enfants.

**Cultes.** — La Tunisie forme le **diocèse de Carthage**, avec un *archevêque* et un clergé important.

Le *rite grec orthodoxe* a une église à Tunis.

Des temples *protestants* existent à Tunis, Sousse et Sfax.

Les *Israélites* ont un consistoire central à Tunis.

Les indigènes professent l'*Islamisme*. Une des plus belles mosquées de la Tunisie est à Kairouan.

**Armée et Marine.** — L'ancienne armée du bey est réduite à une *garde d'honneur*, composée d'un bataillon d'infanterie, d'un peloton de cavalerie et de trois sections d'artillerie.

Le territoire forme une division militaire territoriale divisée en **trois commandements militaires** : *Tunis*, *Sousse* et *Gabès*; et **un gouvernement militaire** : *Bizerte*.

Le commandement militaire de Gabès comprend deux cercles : *Médenine* et *Kebili*.

Les troupes d'occupation comprennent des corps français et indigènes comme en Algérie (zouaves, tirailleurs, chasseurs d'Afrique, spahis, etc.).

Des agents de police assurent l'ordre dans les villes.

Le port de Bizerte a été entouré de batteries et constitue une *station navale*, dont l'importance est considérable comme point d'appui de notre escadre de la Méditerranée.

La division navale comprend en permanence des garde-côtes cuirassés et des torpilleurs

## Notes statistiques et économiques.

**Climat.** — Par suite de sa situation maritime, pour ainsi dire entre deux mers, la Tunisie a un climat plus égal et plus tempéré que l'Algérie.

Dans le Tell et sur la côte, la moyenne est de 18° et le thermomètre ne descend pas au-dessous de 4° en hiver et ne dépasse guère 40° en été (les températures de 50° sont exceptionnelles).

Dans la Chaîne centrale, il fait assez froid l'hiver; il gèle souvent, même dans la Kroumirie.

Il pleut davantage en Tunisie qu'en Algérie, surtout dans le Tell et dans la vallée de la Medjerda.

L'année comprend une *saison humide*, de novembre à mars,

et une *saison sèche et chaude*, de juin à septembre. Entre mars et juin, septembre et novembre, la température est très agréable et d'une douceur exceptionnelle.

Les coups de sirocco, venant du sud saharien, sont assez fréquents et redoutables pendant la saison chaude.

Le climat est dans son ensemble très sain. Il se prête encore mieux que celui de l'Algérie à l'acclimatation de l'Européen.

Toutes ces conditions donnent au sol de la Tunisie une fertilité exceptionnelle.

**Productions.** — Le sol de la Tunisie a toujours été plus cultivé que celui de l'Algérie. Les indigènes étaient agriculteurs, surtout dans les plaines de la Medjerda et dans le Sahel. Les nomades même partagent leur temps entre les labours de la montagne et les parcours de la plaine. La propriété individuelle a force de loi en Tunisie[1].

Les terres de Tunisie conviennent particulièrement aux céréales. Du temps des Romains, la Tunisie nourrissait dix fois plus d'habitants qu'aujourd'hui et exportait encore du blé pour Rome.

Actuellement, on cultive le *blé*, l'*orge*, le *sorgho*, le *maïs*, le *millet*, etc.

Le blé est du *blé dur* dont une grande partie est envoyée à Marseille pour faire de la semoule.

Les plus belles terres à céréales sont la région de Mateur et de Béja et la vallée de la Medjerda.

La **vigne** réussit très bien dans le nord de la Tunisie, particulièrement entre Bizerte et Tunis et près du cap Bon.

La région du Sahel est le pays de l'**olivier**. On le trouve d'ailleurs sur toute la côte depuis Bizerte jusqu'à Zarzis et dans l'île Djerba. On le replante dans l'intérieur, le long de la vallée de l'oued Zeroud et autour de Sfax. On compte actuellement plus de 11 millions d'oliviers. En certaines années la production d'huile a atteint 300,000 hectolitres.

La Tunisie a de nombreux arbres fruitiers, des pays tempérés comme des pays tropicaux. Elle produit également beaucoup de légumes (primeurs) et des fleurs à essences.

Les oasis du Djerid et du Souf donnent des dattes et des oranges renommées.

Une *direction de l'agriculture et du commerce* a pour mission de reconnaître la valeur des biens domaniaux, d'y étudier l'installation des colons, de veiller à la protection des récoltes contre les invasions de sauterelles, de réglementer l'exploitation des forêts, de renseigner les colons sur les conditions de leur installation, etc.

Un important jardin d'essai récemment créé rend les plus grands services.

Le résident général est assisté d'une *conférence consultative* qui est comme le conseil colonial des intérêts français en Tunisie.

**Élevage.** — Les animaux domestiques de l'Europe se trouvent tous en Tunisie. Elle a en outre le chameau.

Il y a peu d'animaux sauvages; on trouve la panthère en Kroumirie, la hyène, le chacal, le lynx, la gazelle, le sanglier presque partout.

La chasse et la pêche sont rémunératrices[2].

**Forêts.** — Les forêts couvrent une étendue de 500,000 hectares environ. Elles se divisent en deux groupes :

le *groupe du nord* (*Kroumirie, Nefzas, Mogod*) environ 100,000 hectares. Ce sont les plus belles forêts de la Tunisie, les arbres sont magnifiques, le chêne-liège et le chêne zéen sont très nombreux;

le *groupe de l'ouest et du centre*, au sud de la Medjerda, formés de différents massifs de pins d'Alep, chênes verts, thuyas, genévriers, etc., avec beaucoup de broussailles et de clairières ravagées par les indigènes.

Le chêne-liège donne du liège, le chêne zéen sert à faire des traverses de chemin de fer.

**Industrie.** — L'industrie indigène est beaucoup plus développée en Tunisie qu'en Algérie; elle est surtout beaucoup plus artistique. L'art tunisien a toujours eu une grande réputation.

Les Tunisiens fabriquent des tissus de coton, de laine et de soie que les caravanes portent jusqu'au fond du Soudan; ils brodent en or, en argent et en soie sur étoffe et sur cuir.

Les tapis de Kairouan, les couvertures fabriquées dans les tribus, les burnous et haïks de Djerba et Gafsa méritent leur réputation, comme la sellerie ornementée et la cordonnerie de Tunis.

Les distilleries indigènes d'essence de jasmins et de roses alimentent une partie du marché du Levant. A Monastir et à Sousse existent d'importantes savonneries.

Dans tout le pays on traite l'huile d'olive, mais avec un outillage encore primitif.

Les tribus du sud recueillent l'alfa et en fabriquent des paniers, de la corde, de la sparterie. L'alfa est exporté en grandes quantités en Europe pour la fabrication du papier.

L'industrie européenne s'est rapidement développée dans la Régence, particulièrement l'industrie française.

La fabrication de l'huile, traitée avec un outillage perfectionné, ne tardera pas à faire disparaître la fabrication indigène. Sousse, Sfax et Tunis possèdent des usines modèles.

De nombreuses usines de tous genres fonctionnent en Tunisie.

**Mines.** — La Tunisie possède un grand nombre de mines de plomb, de fer, de cuivre, de zinc et d'argent. On n'exploite encore que 7 mines de zinc et une de plomb argentifère.

De nombreuses salines sont en exploitation.

Plusieurs sources thermales sont fréquentées (*Hammam-lif, Hammam-Zériba, Béja*, etc.).

On exploite aux environs de Gafsa des couches énormes de **phosphates.** (*Metlaoui.*)

**Budget.** — La *dette tunisienne* s'élève à 142,550,000 francs garantis par la France à 3 0/0.

En 1900, les *recettes* du budget ont atteint 26 millions et demi. Les *dépenses* ont été à peu près égales aux recettes[1].

Des ressources spéciales (bénéfices sur les conversions de la dette, bonis de l'administration financière), ont permis, avec l'aide de compagnies privées, de faire de très grands travaux publics (ports de Tunis, de Bizerte, de Sfax et de Sousse, chemins de fer, destruction des sauterelles, etc.).

**Commerce.** — Le commerce s'est élevé en 1898 à plus de **cent millions**, quatre fois plus qu'en 1875, avant l'établissement du protectorat. La France a les deux tiers de ce commerce, soit 65 millions de francs. En 1875, la part de la France ne dépassait pas 5 à 6 millions.

**Communications.** — La durée du trajet de Marseille à Tunis est de 32 heures.

Bizerte et Tunis sont reliés à l'Algérie par une grande ligne ferrée qui remonte la vallée de la Medjerda. Une ligne suit la côte de Tunis par Hammamet et Sousse.

Des lignes de pénétration sont ouvertes de Tunis à Zaghouan; de Sousse à Kairouan; de Sfax à Gafsa.

1. La superficie de la Tunisie est d'environ 13 millions 1/2 d'hectares, dont près de trois millions de terres labourables, plus d'un million de terres propres à l'olivier, 500,000 hectares de forêts, un million et demi de plaine d'alfa, etc.

2. La côte tunisienne a 1,300 kilomètres de développement. Le poisson est très abondant. Les lacs de Bizerte et de Tunis sont exploités par des sociétés. La pêche est faite surtout par les Italiens. La pêche des *éponges* est très fructueuse à Sfax et Djerba.

1. Les impôts indigènes sont : la *medjba*, capitation, le *kanoun*, sur les oliviers et dattes, l'*achour*, sur les récoltes, etc.

# LE SAHARA

Le mot **Sahara** (désert) désigne les immenses espaces sans cultures, qui s'étendent au sud des Hauts Plateaux, de la Berbérie jusqu'au Soudan. Mais le désert n'est pas partout stérile et aride.

Dans le Sahara on distingue des **Hamada**, des **Areg**, des régions montagneuses, de grandes vallées et des **Oasis**.

Les **Hamada** sont des plaines ou plateaux caillouteux et infertiles, sur lesquelles il ne pousse un peu d'herbe qu'après les pluies très rares d'ailleurs.

Les **Areg** ou *Erg* (pluriel de *Arag*, veine, dune de sable) sont de larges régions de dunes, ordinairement très difficiles à franchir. On remarque surtout le *grand Erg*, ou *Erg Occidental* au nord des oasis du Touat, et l'*Erg Oriental*, au sud d'Ouargla et Touggourt.

OUARGLA

Des chaînes de hautes collines traversent le Sahara. Les hauteurs sont en général arides, et les vallées sont desséchées. Le **Djebel Ahaggar** (2,000 mètres d'altitude moyenne) est le centre des massifs et plateaux sahariens. (Voir la carte p. 1.)

Le Sahara est infertile et désert parce qu'il n'y pleut pas. Certaines régions ne reçoivent pas une goutte d'eau pendant plusieurs années.

Cependant, au-dessous des lits desséchés des oueds, on trouve souvent de l'eau à une certaine profondeur. Quand cette eau apparaît, soit naturellement, soit en creusant des puits, il se forme aussitôt une *oasis* dont le palmier est l'arbre dominant.

Dans certaines régions (*Chebkas et Dayas*), l'eau des pluies séjourne pendant quelque temps dans les dépressions, où se forment alors des pâturages.

Les grandes oasis du Sahara algérien sont réparties dans deux grands bassins :

1° le **bassin des chotts Melghir et Djerid;**

2° le **bassin de l'Oued Saoura**.

Le premier bassin comprend les oasis d'**Ouargla**, du **Mzab**, de l'**oued Righ**, des **Ziban**, du **Djerid**, etc.

Le deuxième bassin comprend la région d'oasis du **Gourara**, du **Touat** et du **Tidikelt**.

Autour des puits, sur les routes des caravanes, quelques palmiers groupés forment des oasis de moindre importance (*Temassinin*, *El-Goléa*, etc.).

TOUAREG A MÉHARI

**Population.** — Le Sahara est relativement assez peuplé. On y distingue: 1° les habitants des oasis, qui sont sédentaires; 2° les tribus nomades.

Les habitants des oasis, qui habitent des villages ou ksour et sont cultivateurs, forment de petites confédérations ordinairement affiliées à des sectes ou confréries religieuses. Mais ils sont sous la dépendance des tribus nomades qui les exploitent.

Les grandes tribus nomades sont au nord, les tribus qui bordent la Chaîne saharienne : *Oulad-Sidi-Cheikh*, *Doui-Menia*, *Oulad-Nayl*, *Larbâa*, etc.; au sud, les grandes tribus *Chäanba* et *Touareg* (targui au singulier).

Les *Chäanba* sont répandus autour de la première région d'oasis.

Les Touareg sont disséminés sur tout le Sahara, jusqu'au Niger et au Soudan.

Les Touareg sont d'origine berbère. Refoulés dans le désert par la conquête arabe, ils sont devenus nomades. Ils sont organisés en confédérations dont les principales sont : au nord, les *Azdjer*, les *Ahaggar*; au sud, près du Niger et du Soudan, les *Kel-Ouï* et les *Aouelimmiden*.

Ce sont des tribus belliqueuses et pillardes qui vivent aux dépens des caravanes et des oasis[1], et font le commerce des esclaves.

Jusqu'à présent elles avaient toujours arrêté les explorateurs qui essayaient de pénétrer dans le Sahara. Mais une mission armée, dirigée par MM. *Foureau* et le *commandant Lamy*, a réussi en 1900 à traverser le Sahara; elle a battu et terrifié les Touareg, et comme du côté du Soudan les missions françaises sont également arrivées au lac Tchad, on peut espérer que les Touareg seront forcés de reconnaître la puissance de la France et deviendront peut-être un jour des auxiliaires de la pénétration saharienne.

**Pénétration et occupation sahariennes.** — Depuis la conquête de l'Algérie, plusieurs explorateurs et officiers français ont essayé de pénétrer dans le Sahara.

En 1860 et 1862, M. *Duveyrier* et une mission sous les ordres du *commandant Mircher* et du *capitaine de Polignac* réussirent à s'entendre avec les Touareg, mais d'autres furent moins heureux et furent assassinés. En 1881, la mission du *colonel Flatters* fut complètement détruite à Hassi-Tadjenout par une trahison des Châanba et des Touareg.

Depuis cette époque, le Gouvernement général de l'Algérie a procédé lentement, mais méthodiquement.

En partant de **Ouargla** et de **Mzab**, on a occupé **El-Goléa**, puis d'El-Goléa on a poussé en avant : *fort Miribel* (*Hassi-Chebaba*), *fort Mac-Mahon* (*Hassi-el-Homeur*), *fort In-Ifel* (*Hassi-In-Ifel*), *fort Lallemand* (*Hassi-bel-Airam* ou *bel-Heïran*), qui marquent les points d'eau principaux de la route d'El-Goléa à In Salah.

On a organisé des compagnies de tirailleurs méharistes (montés comme les Touareg sur méhara).

En 1900, **In-Salah** a été enlevé, et l'occupation des oasis du **Touat**, du **Tidikelt** et du **Gourara** est devenue définitive. Toute cette région a été réunie sous l'autorité d'un commandant supérieur, qui réside à **Timmimoum**.

La mission Foureau-Lamy a traversé le Sahara jusqu'au lac Tchad. Elle est revenue par le Congo après avoir aidé les missions du Congo et du lac Tchad à détruire la puissance d'un chef soudanais, *Rabah*, qui ravageait les régions entre le lac Tchad et le Bahr-el-Ghazal.

On doit prolonger la voie ferrée d'Aïn-Sefra-Duveyrier jusqu'à Igli, au confluent de l'oued Zousfana et de l'oued Guir; et elle pourra de là atteindre un jour le Touat et In-Salah.

Les deux grands bassins des oasis sahariennes sont ainsi occupés. Les Touareg et les *Berabers* qui résistent encore à l'influence française n'ont plus d'appui que dans les oasis marocaines du *Tafilelt*, ou tripolitaines de *Ghât*, *Ghadamès*, *Mourzouk*, *Djerboub*, etc. Les résistances céderont peu à peu.

1. Le centre de ravitaillement des Touareg Ahaggar était In-Salah; celui des Azdjer est Ghadamès.

## L'INFLUENCE FRANÇAISE DANS LE LEVANT

*La carte indique par les soulignés rouges les localités où résident des consuls et agents français et les principaux groupements d'écoles où l'on enseigne la langue française.*

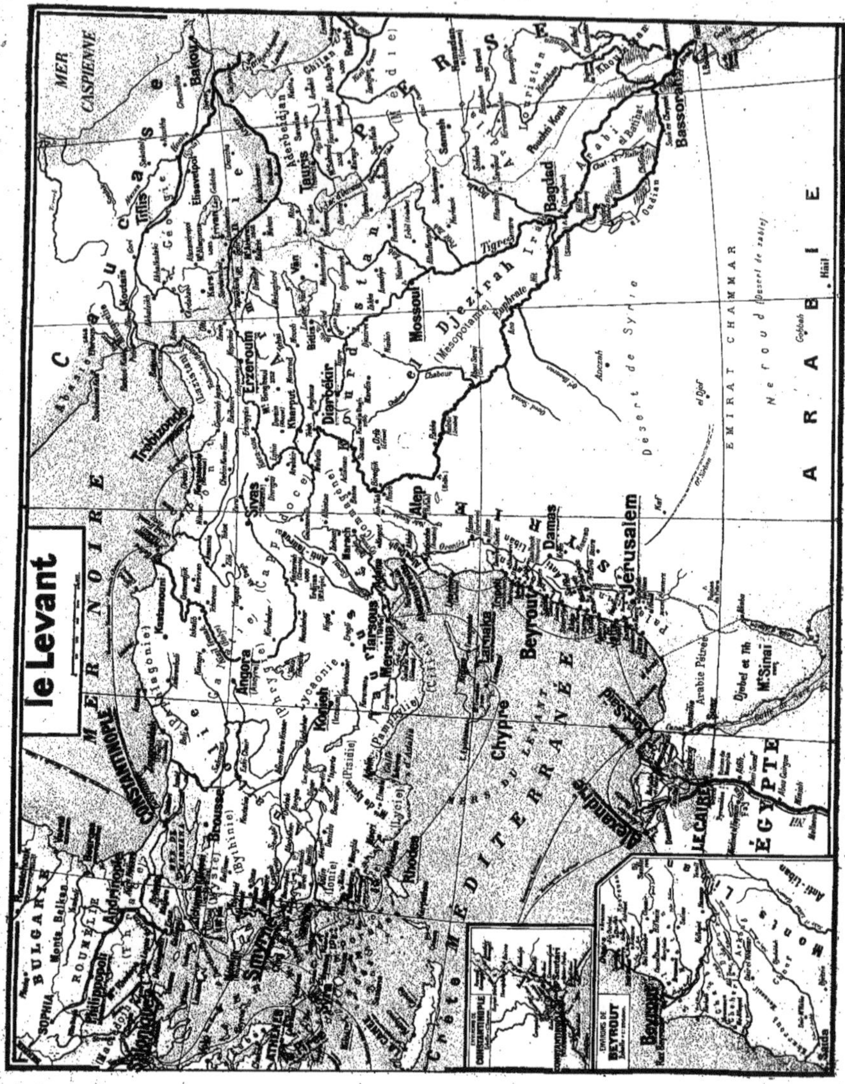

Sceaux. — Imprimerie E. Charaire.

www.ingramcontent.com/pod-product-compliance
Ingram Content Group UK Ltd.
Pitfield, Milton Keynes, MK11 3LW, UK
UKHW020959220726
13924UKWH00002B/795